사경인 회계학 말문제 하프 모의고사

2026
사경인 회계학
말문제
하프 모의고사

공무원 회계학 | 최신개정판

좋은땅

문제편

01-20회

01.

『재무보고를 위한 개념체계』의 위상과 목적에 대한 내용으로 옳은 것은?

① 개념체계도 회계기준에 해당한다.
② 개념체계의 어떠한 내용도 회계기준이나 회계기준의 요구사항에 우선하지 아니한다.
③ 개념체계의 관점에서 벗어난 요구사항을 회계기준에 정해서는 아니 된다.
④ 개념체계가 개정되는 경우 그에 맞추어 회계기준도 자동으로 개정된다.

02.

재무제표 요소에 관한 설명으로 옳지 않은 것은?

① 자산은 과거사건의 결과로 기업이 통제하는 현재의 경제적자원이다.
② 부채는 과거사건의 결과로 기업이 경제적자원을 이전해야 하는 현재의무이다.
③ 수익은 자본청구권 보유자로부터의 출자를 포함하며, 자본청구권 보유자에 대한 분배는 비용으로 인식한다.
④ 기업이 발행한 후 재매입하여 보유하고 있는 채무상품이나 지분상품은 기업의 경제적자원이 아니다.

03.

재무제표 표시에 관한 설명으로 옳은 것은?

① 부적절한 회계정책은 이에 대하여 공시나 주석 또는 보충 자료를 통해 설명함으로써 정당화될 수 있다.
② 비유동자산의 처분손익을 처분대금에서 그 자산의 장부금액과 관련처분비용을 차감하여 표시하는 것은 총액주의에 위배되므로 허용되지 아니한다.
③ 재무제표 항목의 표시와 분류는 한국채택국제회계기준에서 표시방법의 변경을 요구하는 경우 이외에는 매기 동일하여야 한다.
④ 기업이 보고기간말 현재 기존의 대출계약조건에 따라 보고기간 후 적어도 12개월 이상 부채를 연장할 권리가 있다면, 보고기간 후 12개월 이내에 만기가 도래한다 하더라도 비유동부채로 분류한다.

04.

재고자산의 측정에 관한 설명으로 옳지 않은 것은?

① 재고자산은 취득원가와 순실현가능가치 중 낮은 금액으로 측정한다.
② 재료원가, 노무원가 및 기타제조원가 중 비정상적으로 낭비된 부분은 재고자산의 취득원가에 포함할 수 없다.
③ 소매재고법은 이익률이 유사하고 품종변화가 심한 다품종 상품을 취급하는 유통업에서 실무적으로 다른 원가측정법을 사용할 수 없는 경우에 흔히 사용된다.
④ 동일한 재고자산이라도 지역별 위치나 과세방식이 다른 경우에는 다른 단위원가 결정방법을 적용한다.

05.

다음 중 유형자산의 원가에 포함시키기 어려운 것은?

① 자산을 해체, 제거하거나 부지를 복구하는 데 소요
될 것으로 최초에 추정되는 원가
② 유형자산의 매입 또는 건설과 직접적으로 관련되
어 발생한 종업원급여
③ 유형자산이 정상적으로 작동되는지 여부를 시험
하는 과정에서 발생하는 원가
④ 새로운 상품과 서비스를 소개하는 데 소요되는 원가

06.

무형자산에 관한 설명으로 옳지 않은 것은?

① 무형자산을 최초로 인식할 때에는 공정가치로 측
정한다.
② 최초에 비용으로 인식한 무형항목에 대한 지출은
그 이후에 무형자산의 원가로 인식할 수 없다.
③ 자산에서 발생하는 미래경제적효익이 기업에 유
입될 가능성이 높고 자산의 원가를 신뢰성 있게 측
정할 수 있을 때에만 무형자산을 인식한다.
④ 새로운 지역에서 또는 새로운 계층의 고객을 대상
으로 사업을 수행하는 데서 발생하는 원가 등은 무
형자산 원가에 포함하지 않는다.

07.

사채의 발행과 관련한 설명으로 옳은 것은?

① 유효이자율법에 의해 사채발행차금을 상각할 때,
할인발행이나 할증발행의 경우 모두 기간이 경과
할수록 사채발행차금의 상각액은 증가한다.
② 할인발행은 사채의 표시이자율보다 시장이 기업
에게 자금 대여의 대가로 요구하는 수익률이 낮은
상황에서 발생한다.
③ 할인발행의 경우 발행 기업이 인식하는 이자비용
은 기간이 경과할수록 매기 감소한다.
④ 할증발행의 경우 발행 기업은 매기 현금이자 지급
액보다 많은 이자비용을 인식한다.

08.

**주식배당, 무상증자 및 주식분할에 대한 설명으로 옳지
않은 것은?**

① 무상증자의 경우 자본총계는 불변이다.
② 주식분할의 경우 발행주식수가 증가하여 자본금
이 증가한다.
③ 무상증자의 경우 주당 액면가액은 불변이지만, 주
식분할의 경우는 주당 액면가액이 감소한다.
④ 주식배당의 경우 이익잉여금은 감소하지만, 주식
분할의 경우 이익잉여금이 불변이다.

09.

다음 중 가공원가에 포함되지 않는 것은?

① 직접재료원가
② 직접노무원가
③ 변동제조간접원가
④ 고정제조간접원가

10.

**다음은 「국가회계기준에 관한 규칙」에 대한 설명이다. 옳
지 않은 것은?**

① 재정상태표에 표시하는 자산의 가액은 해당 자산
의 취득원가를 기초로 하여 계상한다. 다만, 무주
부동산의 취득, 국가 외의 상대방과의 교환 또는
기부채납 등의 방법으로 자산을 취득한 경우에는
취득 당시의 공정가액을 취득원가로 한다.
② 재정운영표에 표시하는 수익은 그 성질에 따라 국
세수익, 이전수익, 국가운영수익으로 구분한다.
③ 자발적인 기부금 수령 등에 따라 발생하는 순자산
의 증가는 수익에 포함하지 않는다.
④ 재정상태표에 표시하는 부채의 가액은 원칙적으
로 만기상환가액으로 평가한다.

01.

다음에서 설명하는 의미와 관련된 유용한 재무정보의 질적특성은?

> ○ 정보가 나타내고자 하는 경제적 현상을 충실히 표현하는지를 이용자들이 확인하는 데 도움을 준다.
> ○ 합리적인 판단력이 있고 독립적인 서로 다른 관찰자가 어떤 서술이 표현충실성에 있어, 비록 반드시 완전히 의견이 일치하지는 않더라도 합의에 이를 수 있다.

① 중요성
② 비교가능성
③ 이해가능성
④ 검증가능성

02.

재무제표 표시에 관한 설명으로 옳지 않은 것은?

① 계속기업의 가정이 적절한지의 여부를 평가할 때 경영진은 적어도 보고기간말로부터 향후 12개월 기간에 대하여 이용가능한 모든 정보를 고려한다.
② 개별적으로 중요하지 않아 재무제표에 구분하여 표시하지 않은 항목은 주석에도 구분하여 표시하지 않는다.
③ 각각의 재무제표는 전체 재무제표에서 동등한 비중으로 표시한다.
④ 한국채택국제회계기준이 달리 허용하거나 요구하는 경우를 제외하고는 당기 재무제표에 보고되는 모든 금액에 대해 전기 비교정보를 표시한다.

03.

회계상의 거래에 포함될 수 없는 것은?

① 장부가액이 ₩2,500,000인 건물이 화재로 인해 전소되었다.
② 상품을 판매하고 아직 대금을 받지 않았다.
③ 원료 공급회사와 100톤의 원재료를 ₩1,000,000에 구입하기로 계약을 체결하였다.
④ 기계장치를 구입하여 인도받았으나 아직 대금을 지급하지 않았다.

04.

금융상품에 대한 회계처리 내용으로 옳지 않은 것은?

① 금융자산의 정형화된 매입 또는 매도는 매매일이나 결제일에 인식하거나 제거한다.
② 금융자산이나 금융부채는 최초인식시점에 공정가치로 측정한다.
③ 당기손익-공정가치 측정 금융자산 또는 당기손익-공정가치 측정 금융부채의 경우에 해당 금융자산의 취득이나 해당 금융부채의 발행과 직접 관련되는 거래원가는 공정가치에 가감한다.
④ 금융자산을 상각후원가 측정 범주에서 당기손익-공정가치 측정 범주로 재분류하는 경우에 재분류일의 공정가치로 측정하고, 재분류 전 상각후원가와 공정가치의 차이에 따른 손익은 당기손익으로 인식한다.

05.

다음 중 개발활동과 관련된 지출에 해당하는 것은?

① 생산이나 사용 전의 시제품과 모형을 설계, 제작 및 시험하는 활동과 관련된 지출
② 새롭거나 개선된 재료, 장치, 제품, 공정, 시스템, 용역 등에 대한 여러 가지 대체안을 제안, 설계, 평가하는 활동과 관련된 지출
③ 새로운 지식을 얻고자 하는 활동과 관련된 지출
④ 재료, 장치, 제품, 공정, 시스템, 용역 등에 대한 여러 가지 대체안을 탐색하는 활동과 관련된 지출

06.

투자부동산에 해당하지 않는 것은?

① 장기 시세차익을 얻기 위하여 보유하고 있는 토지 (단, 정상적인 영업과정에서 단기간에 판매하기 위하여 보유하는 토지는 제외)
② 미래에 개발 후 자가사용할 부동산
③ 미래에 투자부동산으로 사용하기 위하여 건설 또는 개발중인 부동산
④ 직접 소유(또는 금융리스를 통해 보유)하고 운용리스로 제공하고 있는 건물

07.

충당부채, 우발부채 및 우발자산에 관한 설명으로 옳지 않은 것은?

① 소송이 진행중인 경우는 보고기간 말에 현재의무가 존재하지 아니할 가능성이 높더라도 경제적 효익이 내재된 자원의 유출가능성이 아주 낮지 않는 한 충당부채로 공시한다.
② 우발부채는 경제적 효익이 내재된 자원의 유출을 초래할 현재의무가 있는지의 여부가 아직 확인되지 아니한 잠재적 의무이다.
③ 충당부채는 현재의무이고 이를 이행하기 위하여 경제적 효익이 내재된 자원이 유출될 가능성이 높고 당해 금액을 신뢰성 있게 추정할 수 있으므로 부채로 인식한다.
④ 충당부채로 인식하는 금액은 현재의무를 보고기간 말에 이행하기 위하여 소요되는 지출에 대한 최선의 추정치이어야 한다.

08.

현금흐름표에 영업활동 현금흐름을 보고하는 방법에 대한 설명으로 옳지 않은 것은?

① 영업활동 현금흐름은 직접법과 간접법 중 하나의 방법으로 보고한다.
② 영업활동 현금흐름을 보고하는 경우에는 간접법을 사용할 것을 권장한다.
③ 직접법을 적용하여 표시한 현금흐름은 간접법에 의한 현금흐름에서는 파악할 수 없는 정보를 제공하며, 미래현금흐름을 추정하는 데 보다 유용한 정보를 제공한다.
④ 영업활동 순현금흐름은 포괄손익계산서에 공시된 수익과 비용, 그리고 회계기간 동안 발생한 재고자산과 영업활동에 관련된 채권·채무의 변동을 보여줌으로써 간접법으로 표시할 수 있다.

09.

제품원가계산 방법에 관한 설명으로 옳지 않은 것은?

① 표준원가계산은 미리 표준으로 설정된 원가자료를 사용하여 원가를 계산하는 방법으로 원가관리에 유용하다.

② 변동원가계산은 제조원가요소 중에서 고정원가를 제외한 변동원가만 집계하여 제품원가를 계산하는 방법이다.

③ 외부재무보고 목적으로 재무제표를 작성할 때 전부원가계산을 사용한다.

④ 내부적인 경영의사결정에 필요한 한계원가 및 공헌이익과 같은 정보를 파악하기 위해서는 정상원가계산이 유용하다.

10.

다음 중 「지방자치단체 회계기준에 관한 규칙」에서 설명하는 재무제표 작성기준으로 옳지 않은 것은?

① 장기 선수수익은 대가의 수익은 이루어졌으나 수익의 귀속시기가 차기 이후인 수익을 말하며, 기타 비유동부채로 표시한다.

② 비망계정은 어떤 경제활동의 발생을 기억하기 위해 기록하는 계정을 말하며, 자산 또는 부채로 표시할 수 있다.

③ 우발상황은 미래에 어떤 사건이 발생하거나 발생하지 아니함으로 인하여 궁극적으로 확정될 손실 또는 이익으로서 발생여부가 불확실한 현재의 상태 또는 상황을 말하며, 재정상태표 보고일 현재 우발손실의 발생이 확실하고 그 손실금액을 합리적으로 추정할 수 있는 경우에는 재무제표에 반영하고 주석으로 표시한다.

④ 사회기반시설은 초기에 대규모 투자가 필요하고 파급효과가 장기간에 걸쳐 나타나는 지역사회의 기반적인 자산을 말하며, 사회기반시설에 대한 사용수익권은 해당 자산의 차감항목으로 표시한다.

01.

다음 설명과 관련된 유용한 재무정보의 질적특성은?

> 재무정보에 예측가치, 확인가치 또는 이 둘 모두가 있다
> 면 그 재무정보는 의사결정에 차이가 나도록 할 수 있다.

① 비교가능성
② 이해가능성
③ 표현충실성
④ 목적적합성

02.

'재무제표의 표시'에서 제시한 '일반사항'에 대한 설명으로 옳은 것은?

① 회계기준의 요구에 따라 공시되는 정보가 중요하지 않다면 그 공시를 제공할 필요는 없다.
② 경영활동을 중단할 의도를 가진 경우에도 재무제표는 계속기업을 전제로 작성된다.
③ 일반적으로 인정된 회계관습에 따라 작성된 재무제표는 공정하게 표시된 재무제표로 본다.
④ 기업은 현금흐름 정보를 포함하여 발생기준 회계를 사용하여 재무제표를 작성한다.

03.

현금및현금성자산으로 재무상태표에 표시될 수 없는 것을 모두 고른 것은? (단, 지분상품은 현금으로 전환이 용이하다.)

> ㄱ. 부채상환을 위해 12개월 이상 사용이 제한된 요구불예금
> ㄴ. 사용을 위해 구입한 수입인지와 우표
> ㄷ. 상환일이 정해져 있고 취득일로부터 상환일까지 기간이 2년인 회사채
> ㄹ. 취득일로부터 1개월 내에 처분할 예정인 상장기업의 보통주
> ㅁ. 재취득한 자기지분상품

① ㄱ, ㄴ, ㄹ
② ㄷ, ㄹ, ㅁ
③ ㄱ, ㄴ, ㄷ, ㅁ
④ ㄱ, ㄴ, ㄷ, ㄹ, ㅁ

04.

회계기준에 제시된 재고자산에 대한 설명으로 옳은 것은?

① 재고자산은 취득원가와 순공정가치 중 낮은 금액으로 측정한다.
② 부산물이 중요하지 않은 경우, 흔히 순실현가능가치로 측정하며 주산물의 원가에서 차감되기 때문에, 주산물의 장부금액은 원가와 중요한 차이가 없다.
③ 후속 생산단계에 투입하기 전에 보관이 필요한 경우 이외의 보관원가는 취득원가에 포함할 수 있다.
④ 생물자산에서 수확한 농림어업 수확물로 구성된 재고자산은 순실현가능가치로 측정하여 수확시점에 최초로 인식한다.

무형자산에 관한 설명으로 옳지 않은 것은?

① 무형자산은 무형자산의 정의를 충족하고 해당 자산으로부터 발생하는 미래경제적효익이 기업에 유입될 가능성이 높으며, 자산의 취득원가를 신뢰성 있게 측정할 수 있을 때 인식한다.

② 내부 프로젝트의 연구단계에서 발생한 지출은 발생시점에 비용으로 인식한다.

③ 내부적으로 창출한 브랜드, 제호, 출판표제, 고객목록과 이와 실질이 유사한 항목은 무형자산으로 인식하지 아니한다.

④ 무형자산은 당해 자산을 취득한 시점부터 합리적인 기간 동안 상각하여야 한다.

06.

우발자산에 대한 설명으로 옳지 않은 것은?

① 미래에 전혀 실현되지 않을 수도 있는 수익을 인식하는 결과를 가져올 수 있기 때문에 우발자산은 재무제표에 인식하지 아니하는 것이 원칙이다.

② 우발자산은 경제적 효익의 유입 가능성이 높은 경우에 공시한다.

③ 수익의 실현이 거의 확실하다면 관련 자산을 우발자산으로 인식한다.

④ 관련 상황의 변화가 적절하게 재무제표에 반영될 수 있도록 우발자산을 지속적으로 평가하여, 경제적 효익의 유입이 거의 확실하게 되는 경우에는 그러한 상황변화가 일어난 기간의 재무제표에 그 자산과 관련 이익을 인식한다.

07.

수익인식단계 중 거래가격 산정에 관한 설명으로 옳지 않은 것은?

① 고객과의 계약에서 약속한 대가는 고정금액, 변동금액 또는 둘 다를 포함할 수 있다.

② 거래가격은 고객에게 약속한 재화나 용역을 이전하고 그 대가로 기업이 받을 권리를 갖게 될 것으로 예상하는 금액이며, 제삼자를 대신해서 회수한 금액은 제외한다.

③ 고객이 약속한 대가의 특성, 시기, 금액은 거래가격의 추정치에 영향을 미친다.

④ 계약에서 가능한 결과치가 두 가지뿐일 경우 '기댓값'은 변동대가(금액)의 적절한 추정치일 수 있다.

08.

다음 중 유동비율에 영향을 미치지 않는 거래는?

① 사채의 만기가 되어 현금으로 상환하였다.

② 건물을 매각하고 대금은 1개월 후에 받기로 하였다.

③ 장기성 지급어음을 발행하고 기계장치를 취득하였다.

④ 상품을 실사한 결과 감모손실이 발생하였다.

09.

부문별 원가계산에 관한 설명으로 옳지 않은 것은?

① 단계배부법은 보조부문의 배부순서가 달라져도 배부금액은 차이가 나지 않는다.

② 상호배부법은 보조부문 간의 상호배부를 모든 방향으로 반영한다.

③ 단계배부법은 한번 배부된 보조부문의 원가는 원래 배부한 보조부문에는 다시 배부하지 않고 다른 보조부문과 제조부문에 배부한다.

④ 직접배부법은 보조부문 간에 주고받는 서비스 수수관계를 전부 무시한다.

10.

다음은 「국가회계기준에 관한 규칙」에 따른 용어의 정의다. 옳지 않은 것은?

① "국가회계실체"란 국가재정법에 따른 일반회계, 특별회계 및 기금으로서 중앙관서별로 구분된 것을 말한다.

② "재정상태표일"이란 매년 1월 1일에 시작하여 12월 31일에 끝나는 회계연도를 말한다.

③ "공정가액"이란 합리적인 판단력과 거래의사가 있는 독립된 당사자 간에 거래될 수 있는 교환가격을 말한다.

④ "회수가능가액"이란 순실현가능가치와 사용가치 중 큰 금액을 말한다.

01.

자산은 과거사건의 결과로 기업이 통제하는 현재의 경제적자원이며, 경제적자원은 경제적효익을 창출할 잠재력을 지닌 권리이다. 경제적효익을 창출할 잠재력을 지닌 권리는 다양한 형태를 갖는데, 다음 중 '다른 당사자의 의무에 해당하는 권리'가 아닌 것은?

① 현금을 수취할 권리
② 재화나 용역을 제공받을 권리
③ 유리한 조건으로 다른 당사자와 경제적자원을 교환할 권리
④ 유형자산 또는 재고자산과 같은 물리적 대상에 대한 권리

02.

'재무제표 표시'에 관한 설명으로 옳지 않은 것은?

① 부적절한 회계정책은 이에 대하여 공시나 주석 또는 보충 자료를 통해 설명하더라도 정당화될 수 없다.
② 한국채택국제회계기준에서 요구하거나 허용하지 않는 한 자산과 부채 그리고 수익과 비용은 상계하지 아니한다.
③ 외환손익 또는 단기매매 금융상품에서 발생하는 손익과 같이 유사한 거래의 집합에서 발생하는 차익과 차손은 중요하지 않을 경우 순액으로 표시한다.
④ 기업이 재무상태표에 유동자산과 비유동자산, 그리고 유동부채와 비유동부채로 구분하여 표시하는 경우, 이연법인세자산(부채)은 유동자산(부채)으로 분류한다.

03.

회계상의 거래는 분개와 전기의 과정을 거쳐 계정에 기입된다. 다음은 어떤 계정에 대한 전기내역의 일부이다. 이때 (㉠) 속에 기입할 계정과목으로 옳은 것은?

(㉠)

(차변)	(대변)
:	:
3월 5일 매출 xxx	3월 10일 현금 xxx
3월 30일 대손충당금 xxx	3월 15일 매출환입 xxx
:	:

① 매출채권
② 상품
③ 대손상각비
④ 매입채무

04.

다음 중 유형자산에 대한 회계처리 내용으로 옳지 않은 것은?

① 자산의 사용을 포함하는 활동에서 창출되는 수익은 일반적으로 자산의 경제적효익의 소비 외의 요소를 반영하기 때문에 수익에 기초한 감가상각방법을 적용하는 것은 적절하다.
② 유형자산의 공정가치가 장부금액을 초과하더라도 잔존가치가 장부금액을 초과하지 않는 한 감가상각액을 계속 인식한다.
③ 유형자산의 감가상각대상금액을 내용연수 동안 체계적으로 배부하기 위해 다양한 방법을 사용할 수 있으며, 이러한 감가상각방법에는 정액법, 체감잔액법과 생산량비례법이 있다.
④ 유형자산의 감가상각방법은 적어도 매 회계연도 말에 재검토하며, 자산에 내재된 미래경제적효익의 예상되는 소비형태가 유의적으로 달라졌다면, 달라진 소비형태를 반영하기 위하여 감가상각방법을 변경한다.

05.

한국채택국제회계기준에 따른 무형자산의 정의를 충족하기 위해 필요한 세 가지에 해당하지 않는 것은?

① 식별가능성
② 통제
③ 원가의 신뢰성 있는 측정
④ 미래경제적효익

06.

다음 중 퇴직급여 회계처리에 대한 설명으로 옳지 않은 것은?

① 기타포괄손익에 인식되는 순확정급여부채(자산)의 재측정요소는 후속 기간에 당기손익으로 재분류한다.
② 확정급여채무의 현재가치와 당기근무원가를 결정하기 위해서는 예측단위적립방식을 사용한다.
③ 퇴직급여채무를 할인하기 위해 사용하는 할인율은 보고기간 말 현재 우량회사채의 시장수익률을 참조하여 결정한다.
④ 사외적립자산의 공정가치는 과소적립액이나 초과적립액을 결정할 때 확정급여채무의 현재가치에서 차감한다.

07.

'고객과의 계약에서 생기는 수익'과 관련된 내용 중 기간에 걸쳐 수행의무를 이행하는 것은?

① 고객이 자산을 인수하였다.
② 고객에게 자산의 법적 소유권이 있다.
③ 고객은 기업이 수행하는 대로 기업의 수행에서 제공하는 효익을 동시에 얻고 소비한다.
④ 자산의 소유에 따른 유의적인 위험과 보상이 고객에게 있다.

08.

자본에 관한 설명으로 옳지 않은 것은?

① 자본금은 발행된 주식의 액면금액 합계를 의미하므로, 기업이 무액면주식을 발행하는 경우 자본금의 변동은 없다.
② 자본총액은 그 기업이 발행한 주식의 시가총액 또는 순자산을 나누어서 처분하거나 기업 전체로 처분할 때 받을 수 있는 대가와 일치하지 않는 것이 일반적이다.
③ 자본은 기업의 자산에서 모든 부채를 차감한 후의 잔여지분이다.
④ 무상증자나 무상감자(형식적 감자)가 있는 경우 원칙적으로 기업의 자본총계는 변하지 않는다.

09.

의사결정을 할 때 특정 대안의 선택에 영향을 주지 않는 비관련원가(irrelevant cost)에 해당하는 것은?

① 증분원가
② 매몰원가
③ 차액원가
④ 기회원가

10.

국가와 지방자치단체의 재무제표 구성에 대한 설명이다. 옳지 않은 것은?

① 국가의 재무제표는 재정상태표, 재정운영표, 순자산변동표 및 현금흐름표로 구성하되, 재무제표에 대한 주석을 포함한다.
② 국가 재무제표의 부속서류는 필수보충정보와 부속명세서로 한다.
③ 지방자치단체의 재무제표는 재정상태표, 재정운영표, 현금흐름표, 순자산변동표, 주석으로 구성된다.
④ 지방자치단체 재무제표의 부속서류는 필수보충정보와 부속명세서로 한다.

01.

'개념체계'에서 제시한 '일반목적재무보고'에 관한 설명으로 옳지 않은 것은?

① 일반목적재무보고의 목적은 정보이용자가 기업에 자원을 제공하는 것과 관련된 의사결정을 할 때 유용한 보고기업 재무정보를 제공하는 것이다.

② 일반목적재무보고 이용자의 의사결정은 지분상품 및 채무상품을 매수, 매도 또는 보유하는 것과 대여 및 기타 형태의 신용을 제공 또는 결제하는 것을 포함한다.

③ 일반목적재무보고서는 보고기업의 가치를 보여주기 위해 고안된 것이 아니기 때문에, 정보이용자가 보고기업의 가치를 추정하는 데 도움이 되는 정보를 제공하지는 않는다.

④ 일반목적재무보고서는 이용자들이 필요로 하는 모든 정보를 제공할 수 없기 때문에, 그 이용자들은 정치적 사건과 정치 풍토 등과 같은 다른 원천에서 입수한 관련 정보를 고려할 필요가 있다.

02.

영업주기에 대한 설명으로 옳지 않은 것은?

① 영업주기는 영업활동을 위한 자산의 취득시점부터 그 자산이 현금이나 현금성자산으로 실현되는 시점까지 소요되는 기간이다.

② 정상영업주기를 명확히 식별할 수 없는 경우에는 그 기간이 12개월인 것으로 가정한다.

③ 보고기간 후 12개월 이내에 실현될 것으로 예상되지 않는다면 정상영업주기의 일부로서 판매, 소비 또는 실현되는 자산이라도 유동자산으로 분류하지 않는다.

④ 동일한 정상영업주기가 기업의 자산과 부채의 분류에 적용된다.

03.

다음 중 기말 재고자산에 포함되지 않는 항목은?

① 고객에게 재고자산을 인도하였지만 대금의 일부가 아직 회수되지 않은 할부판매상품

② 목적지에 아직 도착하지 않은 도착지 인도기준의 판매상품

③ 상품에 대한 점유가 이전되었으나 고객이 매입의사를 아직 표시하지 않은 시송상품

④ 자금을 차입하고 그 담보로 제공한 상품으로 아직 저당권이 실행되지 않은 저당상품

04.

유형자산의 취득원가에 포함되는 것을 모두 고른 것은?

ㄱ. 영업활동의 전부 또는 일부를 재배치하는 과정에서 발생하는 원가
ㄴ. 유형자산의 매입 또는 건설과 직접 관련되어 발생한 종업원 급여
ㄷ. 관세 및 환급불가능한 취득 관련 세금
ㄹ. 새로운 상품이나 용역을 소개하는 데 소요되는 원가
ㅁ. 설치장소를 준비하는 원가

① ㄱ, ㄴ, ㄷ
② ㄱ, ㄴ, ㄹ
③ ㄴ, ㄷ, ㅁ
④ ㄷ, ㄹ, ㅁ

무형자산 상각에 대한 설명으로 가장 옳은 것은?

① 제조과정에서 사용된 무형자산의 상각은 판매비
　와관리비로 처리한다.
② 내용연수가 유한한 무형자산의 잔존가치는 영(0)
　으로 보는 것이 원칙이다.
③ 무형자산의 내용연수는 매우 길 수도 있지만 비한
　정일 수는 없다.
④ 무형자산은 정액법에 의해서만 상각한다.

06.

투자부동산의 분류에 관한 설명으로 옳지 않은 것은?

① 리스계약에 따라 이전받은 부동산을 다시 제3자에
　게 임대한다면 리스이용자는 해당 사용권자산을
　투자부동산으로 분류한다.
② 지배기업이 다른 종속기업에게 자가사용 건물을
　리스하는 경우 당해 건물은 연결재무제표에 투자
　부동산으로 분류할 수 없다.
③ 건물 소유자가 그 건물의 사용자에게 제공하는 부
　수적 용역의 비중이 경미하면 해당 건물을 투자부
　동산으로 분류한다.
④ 처분예정인 자가사용부동산은 투자부동산으로 분
　류한다.

07.

충당부채 및 우발부채에 관한 설명으로 옳지 않은 것은?

① 현재의무의 존재여부가 불분명한 경우에는 이용
　할 수 있는 모든 증거를 고려하여 보고기간말 기준
　으로 충당부채의 인식여부를 판단해야 한다.
② 충당부채로 인식되기 위해서는 과거사건으로 인
　한 의무가 기업의 미래행위(즉, 미래 사업행위)와
　독립적이어야 한다.
③ 충당부채의 성격상 다른 재무상태표 항목에 비하
　여 불확실성이 더 크므로 그에 대한 추정치의 사용
　은 특히 필수적이다.
④ 과거에 우발부채로 처리하였다면 미래경제적효익
　의 유출가능성이 높아진 경우에도 충당부채로 인
　식할 수 없다.

08.

**다음 중 현금흐름표상 투자활동 현금흐름에 해당하는
것은?**

① 재화의 판매와 용역 제공에 따른 현금유입
② 단기매매목적으로 보유하는 계약에서 발생하는
　현금유입
③ 유형자산, 무형자산 및 기타 장기성 자산의 취득에
　따른 현금유출
④ 리스이용자의 리스부채 상환에 따른 현금유출

09.

직접원가 및 간접원가에 관한 다음 설명 중 적절하지 않은 것은?

① 조업도의 변동에 따른 원가행태(cost behavior)에 근거하여 직접원가와 간접원가로 분류된다.
② 제품원가 계산 시 간접원가는 인과관계 등 합리적인 기준에 따라 제품에 배분된다.
③ 실질적으로 또는 경제적으로 특정 제품 등에 직접 관련시킬 수 있는 원가를 직접원가라고 한다.
④ 발생한 원가를 원가대상별로 추적할 수 있는가에 따라서 직접원가와 간접원가로 분류된다.

10.

「국가회계기준에 관한 규칙」과 「지방자치단체 회계기준에 관한 규칙」을 비교한 내용으로 옳지 않은 것은?

① 국가는 부속서류가 없으나, 지방자치단체는 필수 보충정보와 부속명세서를 재무제표의 부속서류로 한다.
② 국가는 현금흐름표의 활동을 경상활동, 투자활동, 재무활동으로 구분하지만 지방자치단체는 운영활동, 투자활동, 재무활동으로 구분한다.
③ 국가는 순자산을 기본순자산, 적립금 및 잉여금, 순자산조정으로 구분하지만, 지방자치단체는 고정순자산, 특정순자산 및 일반순자산으로 분류한다.
④ 국가는 자산을 금융자산, 유·무형자산 및 기타 자산으로 구분하여 재정상태표에 표시하지만, 지방자치단체는 유동자산, 투자자산, 일반유형자산, 주민편의시설, 사회기반시설, 기타비유동자산으로 분류한다.

01.

자본을 실물생산능력으로 정의한 실물자본유지개념 하에서 해당 기간의 이익은 무엇을 의미하는가?

① 해당 기간 중 명목화폐자본의 증가액
② 해당 기간 중 투자된 구매력의 증가
③ 해당 기간 중 자산과 부채에 영향을 미치는 모든 가격변동
④ 해당 기간 중 실물생산능력의 증가

02.

재무제표 표시의 일반사항에 관한 설명으로 옳지 않은 것은?

① 기타포괄손익은 기능별로 분류하고, 다른 한국채택국제회계기준서에 따라 후속적으로 당기손익으로 재분류되지 않는 항목과 재분류되는 항목을 각각 집단으로 묶어 표시한다.
② 경영진이 기업을 청산하거나 경영활동을 중단할 의도를 가지고 있지 않거나, 청산 또는 경영활동의 중단 외에 다른 현실적 대안이 없는 경우가 아니면 계속기업을 전제로 재무제표를 작성한다.
③ 재무제표는 기업의 재무상태, 재무성과 및 현금흐름을 공정하게 표시해야 하며, 이를 위해서 '개념체계'에서 정한 자산, 부채, 수익 및 비용에 대한 정의와 인식요건에 따라 거래, 그 밖의 사건과 상황의 효과를 충실하게 표현해야 한다.
④ 사업내용의 유의적인 변화나 재무제표를 검토한 결과 다른 표시나 분류방법이 더 적절한 것이 명백한 경우, 한국채택국제회계기준에서 표시방법의 변경을 요구하는 경우가 아니면 재무제표항목의 표시와 분류는 매기 동일하여야 한다.

03.

재고자산은 다음 중 어떤 방법으로 측정하는가?

① 취득원가와 순실현가능가치 중 낮은 금액
② 취득원가와 공정가치 중 낮은 금액
③ 순실현가치와 순공정가치 중 낮은 금액
④ 취득원가와 순공정가치 중 낮은 금액

04.

다음 중 차입원가 회계처리에 대한 설명으로 옳지 않은 것은?

① 적격자산에 대한 적극적인 개발활동을 중단한 기간에는 차입원가의 자본화를 중단한다.
② 적격자산을 의도된 용도로 사용(또는 판매) 가능하게 하는 데 필요한 대부분의 활동이 완료된 시점에 차입원가의 자본화를 종료한다.
③ 적격자산의 장부금액 또는 예상최종원가가 회수가능액 또는 순실현가능가치를 초과하는 경우 다른 한국채택국제회계기준서의 규정에 따라 자산손상을 기록한다.
④ 일반적인 목적으로 차입한 자금의 경우 회계기간 동안 그 차입금으로부터 실제 발생한 차입원가에서 당해 차입금의 일시적 운용에서 생긴 투자수익을 차감한 금액을 자본화가능차입원가로 결정한다.

05.

무형자산에 관한 설명으로 옳지 않은 것은?

① 최초에 비용으로 인식한 무형항목에 대한 지출은 그 이후에 무형자산의 원가로 인식할 수 있다.

② 무형자산에 대한 대금지급기간이 일반적 신용기간보다 긴 경우 무형자산 원가는 현금가격상당액이 된다.

③ 제조과정에서 무형자산을 사용하면 수익을 증가시킬 수도 있지만 제조원가를 감소시킬 수도 있다.

④ 특정 소프트웨어가 없으면 기계장치의 가동이 불가능한 경우 그 소프트웨어는 기계장치의 일부로 회계처리한다.

06.

투자부동산에 관한 설명으로 옳지 않은 것은?

① 소유 투자부동산은 최초 인식시점에서 원가로 측정한다. 이때 발생한 거래원가는 당기비용으로 처리한다.

② 투자부동산에 대하여 공정가치모형을 선택한 경우에는 최초 인식 후 모든 투자부동산을 공정가치로 측정한다.

③ 투자부동산의 폐기나 처분으로 생기는 손익은 순처분금액과 장부금액의 차액이며 폐기하거나 처분한 기간에 당기손익으로 인식한다.

④ 투자부동산을 후불조건으로 취득하는 경우의 원가는 취득시점의 현금가격상당액으로 하며 현금가격상당액과 실제 총지급액의 차액은 신용기간 동안의 이자비용으로 인식한다.

07.

상각후원가로 후속측정하는 일반사채에 관한 설명으로 옳지 않은 것은?

① 사채를 할인발행하고 중도상환 없이 만기까지 보유한 경우, 발행자가 사채발행시점부터 사채만기까지 포괄손익계산서에 인식한 이자비용의 총합은 발행시점의 사채할인발행차금과 연간 액면이자 합계를 모두 더한 값과 일치한다.

② 사채발행비가 존재하는 경우, 발행시점의 발행자의 유효이자율은 발행시점의 시장이자율보다 낮다.

③ 사채를 할증발행한 경우, 중도상환이 없다면 발행자가 포괄손익계산서에 인식하는 사채관련 이자비용은 매년 감소한다.

④ 사채를 중도상환 할 때 거래비용이 없고 시장가격이 사채의 내재가치를 반영하는 경우, 중도상환시점의 시장이자율이 사채발행시점의 유효이자율보다 크다면 사채발행자 입장에서 사채상환이익이 발생한다.

08.

회계정책, 회계추정치 변경과 오류에 관한 내용으로 옳지 않은 것은?

① 회계정책의 변경은 특정기간에 미치는 영향이나 누적효과를 실무적으로 결정할 수 없는 경우를 제외하고는 소급적용한다.

② 회계추정치 변경이 당기에 미치는 변경의 효과는 당기손익으로 인식한다.

③ 회계추정치 변경이 미래기간에 영향을 미치는 변경의 효과는 해당 미래기간의 손익으로 인식한다.

④ 전기오류의 수정은 오류가 발견된 기간의 당기손익으로 보고한다.

09.

최신의 관리회계기법에 관한 설명으로 옳지 않은 것은?

① 목표원가는 목표가격에서 목표이익을 차감하여 결정한다.

② 카이젠원가계산은 제조이전단계에서의 원가절감에 초점을 맞추고 있다.

③ 균형성과표는 조직의 전략과 성과평가시스템의 연계를 강조하고 있다.

④ 품질원가의 분류에서 내부실패원가는 불량품의 재작업원가나 폐기원가 등을 말한다.

10.

국가의 회계처리는 복식부기·발생주의 방식으로 하며, 일반원칙에 따라 이루어져야 한다. 이 일반원칙에 해당하지 않는 것은?

① 회계처리는 신뢰할 수 있도록 객관적인 자료와 증거에 따라 공정하게 이루어져야 한다.

② 재무제표의 양식, 과목 및 회계용어는 이해하기 쉽도록 간단명료하게 표시하여야 한다.

③ 회계처리에 관한 기준 및 추정은 기간별 비교가 가능하도록 기간마다 계속하여 적용하고 정당한 사유 없이 변경해서는 아니 된다.

④ 회계정보가 정보이용자에게 유용하기 위해서는 그 정보가 의사결정에 반영될 수 있도록 적시에 제공되어야 한다.

01.

재무제표 요소의 측정기준에 관한 설명으로 옳은 것은?

① 공정가치는 측정일 현재 동등한 자산의 원가로서 측정일에 지급할 대가와 그 날에 발생할 거래원가를 포함한다.

② 현행원가는 자산을 취득 또는 창출할 때 발생한 원가의 가치로서 자산을 취득 또는 창출하기 위하여 지급한 대가와 거래원가를 포함한다.

③ 사용가치는 기업이 자산의 사용과 궁극적인 처분으로 얻을 것으로 기대하는 현금흐름 또는 그 밖의 경제적효익의 현재가치이다.

④ 이행가치는 측정일에 시장참여자 사이의 정상거래에서 부채를 이전할 때 지급하게 될 가격이다.

02.

재무제표 표시에 관한 다음 설명 중 옳지 않은 것은?

① 확정급여제도의 재측정요소는 당기손익으로 재분류할 수 있다.

② 자산과 부채는 서로 상계하지 않으나 평가충당금을 차감한 관련 자산은 순액으로 측정이 가능하다.

③ 이연법인세자산(부채)은 유동자산(부채)으로 분류하지 아니한다.

④ 보고기간 후 12개월 이내에 결제하기로 되어 있다면 유동부채로 분류한다.

03.

시산표에서 대차평형의 원리를 이용하여 오류를 적발할 수 있는 경우는?

① 특정 거래 전체를 이중으로 기입한 경우

② 분개할 때 잘못된 계정과목을 사용한 경우

③ 특정 거래 전체를 누락시킨 경우

④ 분개할 때 대변계정과목의 금액을 잘못 기입한 경우

04.

금융상품에 관한 설명으로 옳지 않은 것은?

① 당기손익-공정가치로 측정되는 지분상품은 후속적 공정가치 변동을 기타포괄손익으로 표시하도록 최초 인식시점에 선택할 수 있다.

② 당기손익-공정가치 측정 금융자산이 아닌 경우 해당 금융자산의 취득과 직접 관련되는 거래원가는 최초 인식시점의 공정가치에 가산한다.

③ 금융자산 양도의 결과로 금융자산 전체를 제거하는 경우에는 금융자산의 장부금액과 수취한 대가의 차액을 당기손익으로 인식한다.

④ 기타포괄손익-공정가치로 측정하는 금융자산에서 손상이 발생하면 금융자산의 장부금액을 감액하고 해당 감소금액을 손상차손(당기손익)으로 인식한다.

05.

내부 프로젝트의 개발단계에서 발생한 지출을 무형자산으로 인식하기 위한 요건에 해당하지 않는 것은?

① 무형자산을 사용하거나 판매할 수 있는 법적 권리
② 무형자산을 사용하거나 판매하기 위해 그 자산을 완성할 수 있는 기술적 실현가능성
③ 무형자산을 완성하여 사용하거나 판매하려는 기업의 의도
④ 무형자산의 개발을 완료하고 그것을 판매하거나 사용하는 데 필요한 기술적, 재정적 자원 등의 입수가능성

06.

충당부채에 관한 설명으로 옳지 않은 것은?

① 손실부담계약을 체결하고 있는 경우에는 관련된 현재의무를 충당부채로 인식하고 측정한다.
② 충당부채로 인식하는 금액은 현재의무를 보고기간말에 이행하기 위하여 소요되는 지출에 대한 최선의 추정치이어야 한다.
③ 충당부채는 우발부채와 동일하게 주석으로 공시한다.
④ 충당부채는 지출의 시기 또는 금액이 불확실한 부채이다.

07.

다음 중 고객과의 계약에서 거래가격을 산정할 때 고려해야 할 사항으로 옳은 것은?

① 거래가격은 고객에게 약속한 재화나 용역을 이전하고 그 대가로 기업이 받을 권리를 갖게 될 것으로 예상하는 금액이며, 제삼자를 대신해서 회수한 금액을 포함한다.
② 고객과의 계약에서 약속한 대가는 고정금액, 변동금액 또는 둘 다를 포함할 수 있다.
③ 고객이 현금 외의 형태로 대가를 약속한 계약의 경우에, 그 대가와 교환하여 고객에게 약속한 재화나 용역의 개별 판매가격을 참조하여 간접적으로 그 대가를 측정한다.
④ 고객에게 지급할 대가는 고객이 기업에 이전하는 구별되는 재화나 용역의 대가로 지급하는 것이 아니라면, 그 대가는 거래가격, 즉 수익에 가산하여 회계처리한다.

08.

주식배당, 무상증자, 주식분할, 주식병합 간의 비교로 옳지 않은 것은?

① 주식병합의 경우 발행주식수가 감소하지만 주식배당, 무상증자, 주식분할의 경우 발행주식수가 증가한다.
② 주식분할의 경우 주당액면금액이 감소하지만 주식배당, 무상증자의 경우 주당액면금액이 변하지 않는다.
③ 주식배당, 무상증자, 주식분할의 경우 자본금이 증가한다.
④ 주식배당의 경우 이익잉여금이 감소하지만 주식분할의 경우 이익잉여금이 변하지 않는다.

09.

다음은 원가함수의 추정방법에 대한 장점과 단점을 제시한 것이다. 제시된 지문에서 의미하는 원가함수 추정방법은?

□ 장점
- 객관적이며, 고저점법보다 원가추정의 정확성이 높다.
- 정상적인 원가자료를 모두 이용하기 때문에 추정된 원가함수가 모든 원가자료를 대표한다.
- 다른 원가함수의 추정방법에 의해서는 얻을 수 없는 다양한 통계자료를 제공해 준다.

□ 단점
- 적용이 복잡하고 이해하기 어렵다.
- 통계적 가정이 충족되지 않을 경우 결과에 대해 의미를 부여하기 어렵다.

① 공학적 방법
② 계정분석법
③ 산포도법
④ 회귀분석법

10.

「국가회계기준에 관한 규칙」에 따른 자산의 평가에 대한 내용으로 옳지 않은 것은?

① 투자증권은 매입가액에 부대비용을 더하고 종목별로 총평균법 등을 적용하여 산정한 가액을 취득원가로 한다.

② 채무증권은 상각후취득원가로 평가하고, 지분증권은 취득원가로 평가한다. 다만, 재정상태표일 현재 신뢰성 있게 공정가액을 측정할 수 있으면 그 공정가액으로 평가하며, 장부가액과 공정가액의 차이금액은 재정운영결과에 반영한다.

③ 정부출자금은 출자액 또는 매입가액에 부대비용을 더하고 품목별로 총평균법 등을 적용하여 산정한 가액을 취득원가로 한다.

④ 융자사업에서 발생한 대여금의 경우에는 융자금 원금과 추정 회수가능액의 현재가치와의 차액을 융자보조원가충당금으로 설정하여 평가한다.

01.

재무회계개념체계에 관한 설명 중 가장 옳지 않은 것은?

① 한국회계기준위원회가 일관된 개념에 기반하여 한국채택국제회계기준을 제·개정하는 데 도움을 준다.

② 특정 거래나 다른 사건에 적용할 회계기준이 없거나 회계기준에서 회계정책을 선택하는 것을 허용하는 경우에 재무제표 작성자가 일관된 회계정책을 개발하는 데 도움을 준다.

③ 재무회계개념체계가 특정 회계기준과 상충되는 경우에는 재무회계개념체계가 특정 회계기준에 우선한다.

④ 모든 이해관계자가 회계기준을 이해하고 해석하는 데 도움을 준다.

02.

재무상태표의 자산과 부채의 유동과 비유동 구분에 관한 설명으로 옳지 않은 것은?

① 유동자산은 보고기간 후 12개월 이내에 실현될 것으로 예상되지 않는 경우에도 재고자산 및 매출채권과 같이 정상영업주기의 일부로서 판매, 소비 또는 실현되는 자산을 포함한다.

② 기업이 재무상태표에 유동자산과 비유동자산, 그리고 유동부채와 비유동부채로 구분하여 표시하는 경우, 이연법인세자산(부채)은 유동자산(부채)으로 분류하지 않는다.

③ 유동성 순서에 따른 표시방법이 신뢰성 있고 더욱 목적적합한 정보를 제공하는 경우를 제외하고는 유동과 비유동으로 자산과 부채를 재무상태표에 구분하여 표시한다.

④ 신뢰성 있고 목적적합한 정보를 제공한다고 하더라도, 자산과 부채의 일부는 유동/비유동 구분법으로 표시하고 나머지는 유동성순서에 따라 표시하는 혼합표시방법은 허용되지 않는다.

03.

재고자산의 저가법 평가에 관한 설명으로 옳지 않은 것은?

① 재고자산은 취득원가와 순실현가능가치 중 낮은 금액으로 측정한다.

② 저가법은 항목별로 적용하되, 경우에 따라서는 재고자산의 분류나 특정영업부문에 속하는 모든 재고자산에 기초하여 저가법을 적용하는 것도 적절하다.

③ 재고자산의 감액을 초래했던 상황이 해소되거나 경제상황의 변동으로 순실현가능가치가 상승한 명백한 증거가 있는 경우에는 최초의 장부금액을 초과하지 않는 범위 내에서 평가손실을 환입한다.

④ 재고자산을 순실현가능가치로 감액한 평가손실과 모든 감모손실은 감액이나 감모가 발생한 기간에 비용으로 인식한다.

04.

유형자산의 감가상각에 대한 설명으로 옳지 않은 것은?

① 유형자산을 구성하는 일부의 원가가 당해 유형자산의 전체원가에 비교하여 유의적이라면, 해당 유형자산을 감가상각할 때 그 부분은 별도로 구분하여 감가상각한다.

② 유형자산의 전체원가에 비교하여 해당 원가가 유의적이지 않은 부분은 별도로 분리하여 감가상각할 수 없다.

③ 유형자산을 구성하고 있는 유의적인 부분에 해당 유형자산의 다른 유의적인 부분과 동일한 내용연수 및 감가상각방법을 적용하는 경우에는 감가상각액을 결정할 때 하나의 집단으로 통합할 수 있다.

④ 유형자산의 일부를 별도로 구분하여 감가상각하는 경우에는 동일한 유형자산을 구성하고 있는 나머지 부분도 별도로 구분하여 감가상각한다.

05.

무형자산과 영업권을 구별하는 주요한 차이에 해당하는 것은?

① 식별가능성
② 자원에 대한 통제
③ 미래경제적효익의 존재
④ 물리적 실체

06.

다음 중 투자부동산에 해당되지 않는 것은?

① 운용리스로 제공하기 위하여 보유하고 있는 미사용 건물
② 장기 시세차익을 얻기 위하여 보유하고 있는 토지
③ 직접소유하고 운용리스로 제공하고 있는 건물
④ 처분예정인 자가사용부동산

07.

다음 중 충당부채 및 우발부채에 대한 회계처리 내용으로 옳지 않은 것은?

① 충당부채로 인식되기 위해서는 과거사건으로 인한 의무가 기업의 미래행위와 관련되어야 한다.

② 충당부채에 대한 화폐의 시간가치가 중요한 경우에는 현재가치로 평가하고, 장부금액을 기간 경과에 따라 증가시키고 해당 증가금액은 차입원가로 인식한다.

③ 어떤 의무에 대하여 제3자와 연대하여 의무를 지는 경우에 이행하여야 하는 전체 의무 중에서 제3자가 이행할 것으로 기대되는 부분에 한하여 우발부채로 처리한다.

④ 충당부채를 결제하기 위하여 필요한 지출액의 일부 또는 전부를 제3자가 변제할 것이 예상되는 경우 기업이 의무를 이행한다면 변제를 받을 것이 거의 확실하게 되는 때에 한하여 변제금액을 인식하고 별도의 자산으로 회계처리한다.

08.

다음 중 옳지 않은 것은?

① 회계정책의 변경은 특정기간에 미치는 영향이나 누적효과를 실무적으로 결정할 수 없는 경우를 제외하고는 소급법을 적용한다.

② 회계정책의 변경과 회계추정치 변경을 구분하는 것이 어려운 경우에는 이를 회계정책의 변경으로 본다.

③ 유형자산이나 무형자산을 원가모형으로 측정하다가 재평가모형을 최초로 적용하는 경우는 회계정책의 변경에 해당하나, 재평가모형을 소급적용하지 않고 최초 적용시점부터 전진적으로 회계처리한다.

④ 당기 기초시점에 과거기간 전체에 대한 오류의 누적효과를 실무적으로 결정할 수 없는 경우, 실무적으로 적용할 수 있는 가장 이른 날부터 전진적으로 오류를 수정하여 비교정보를 재작성한다.

09.

제조기업인 ㈜한국이 변동원가계산방법에 의하여 제품원가를 계산할 때 제품원가에 포함되는 항목을 모두 고른 것은?

ㄱ. 직접재료원가	ㄴ. 직접노무원가
ㄷ. 본사건물 감가상각비	ㄹ. 월정액 공장임차료

① ㄱ, ㄴ

② ㄱ, ㄹ

③ ㄴ, ㄷ

④ ㄷ, ㄹ

10.

「국가회계기준에 관한 규칙」에 따른 비교환수익의 유형별 인식기준으로 옳은 것은?

① 신고·납부하는 방식의 국세는 납세의무자가 세액을 신고·납부하는 때에 수익으로 인식한다.

② 정부가 부과하는 방식의 국세는 국가가 고지하는 때에 수익으로 인식한다.

③ 원천징수하는 국세는 원천징수의무자가 원천징수한 금액을 신고하는 때에 수익으로 인식한다.

④ 부담금수익, 기부금수익, 무상이전수입, 제재금수익 등은 수익창출 활동이 끝나고 그 금액을 합리적으로 측정할 수 있을 때에 인식한다.

01.

재무상태표의 기본요소에 대한 설명으로 적절하지 않은 것은?

① 자산은 과거사건의 결과로 기업이 통제하는 현재의 경제적자원이다.

② 부채는 과거사건의 결과로 기업이 경제적자원을 이전해야 하는 현재의무이다.

③ 재무상태표에 표시되는 자본의 총액은 발행주식의 시가총액으로서, 자본잉여금의 발생금액 및 이익잉여금의 총액에 의해 결정된다.

④ 경제적자원은 경제적효익을 창출할 잠재력을 지닌 권리이다.

02.

재무제표 표시에 관한 설명으로 옳은 것은?

① 비용을 기능별로 분류하는 것이 성격별 분류보다 더욱 목적적합한 정보를 제공하므로, 비용은 기능별로 분류한다.

② 재무상태표에 표시되는 자산과 부채는 반드시 유동자산과 비유동자산, 유동부채와 비유동부채로 구분하여 표시하여야 한다.

③ 영업이익에 포함되지 않은 항목 중 기업의 영업성과를 반영하는 그 밖의 수익항목이 있다면 조정영업이익으로 포괄손익계산서 본문에 표시하여야 한다.

④ 재무제표에는 중요하지 않아 구분하여 표시하지 않은 항목이라도 주석에서는 구분표시해야 할 만큼 충분히 중요할 수 있다.

03.

금융상품에 관한 설명으로 옳은 것은?

① 당기손익-공정가치로 측정되는 '지분상품에 대한 특정 투자'에 대해서는 후속적인 공정가치 변동은 최초 인식시점이라 하더라도 기타포괄손익으로 표시하도록 선택할 수 없다.

② 측정이나 인식의 불일치, 즉 회계불일치의 상황이 아닌 경우 금융자산은 금융자산의 관리를 위한 사업모형과 금융자산의 계약상 현금흐름의 특성 모두에 근거하여 상각후원가, 기타포괄손익-공정가치, 당기손익-공정가치로 측정되도록 분류한다.

③ 금융자산 전체나 일부의 회수를 합리적으로 예상할 수 없는 경우에도 해당 금융자산의 총 장부금액을 직접 줄일 수는 없다.

④ 기타포괄손익-공정가치 측정 금융자산의 기대신용손실을 조정하기 위한 기대신용손실액(손상차손)은 당기손실로 인식하고, 기대신용손실환입액(손상차손환입)은 기타포괄손익으로 인식한다.

04.

경영진이 의도한 방식으로 유형자산을 가동할 수 있는 장소와 상태에 이르게 하는 동안에 재화(예: 자산이 정상적으로 작동되는지를 시험할 때 생산되는 시제품)가 생산될 수 있다. 이러한 재화의 회계처리에 대한 설명으로 옳은 것은?

① 재화의 생산원가에서 판매금액을 차감한 순원가를 유형자산의 취득원가에 포함한다.
② 재화의 생산원가는 유형자산의 취득원가에 포함하고, 판매금액은 당기손익으로 인식한다.
③ 재화를 판매하여 얻은 매각금액과 그 재화의 원가를 당기손익으로 인식한다.
④ 재화의 생산원가가 판매금액보다 큰 경우에는 순원가를 유형자산의 취득원가에 포함하고, 판매금액이 생산원가보다 큰 경우에는 차액을 당기손익으로 인식한다.

05.

무형자산에 대한 설명으로 옳지 않은 것은?

① 내용연수가 유한한 무형자산은 정액법으로만 상각한다.
② 내부적으로 창출한 영업권은 무형자산으로 인식하지 않는다.
③ 최초에 비용으로 인식한 무형항목에 대한 지출은 그 이후에 무형자산의 원가로 인식할 수 없다.
④ 무형자산도 유형자산과 마찬가지로 재평가모형을 선택할 수 있다.

06.

도매업을 영위하는 ㈜한국의 거래 중 금융부채를 발생시키는 거래를 모두 고른 것은?

> ㄱ. 상품 ₩1,000을 외상으로 구입하였다.
> ㄴ. 건물 임대료 ₩1,000을 미리 수취하였다.
> ㄷ. 상품을 판매하기로 하고 계약금 ₩1,000을 수취하였다.
> ㄹ. 일반사채(액면금액 ₩1,000, 표시이자율 연 8%, 만기 3년, 매년 말 이자지급)를 액면발행하였다.

① ㄱ, ㄷ ② ㄱ, ㄹ ③ ㄴ, ㄷ ④ ㄴ, ㄹ

07.

거래가격을 수행의무에 배분하는 수익인식 단계에 대한 설명으로 옳지 않은 것은?

① 할인액 전체가 계약상 하나 이상의 일부 수행의무에만 관련된다는 관측 가능한 증거가 있는 때 외에는 할인액을 계약상 모든 수행의무에 비례하여 배분한다.
② 계약 개시시점에 계약상 각 수행의무의 대상인 구별되는 재화나 용역의 개별 판매가격을 산정하고 이 개별 판매가격에 비례하여 거래가격을 배분한다.
③ 거래가격의 후속 변동은 변동 시점 판매가격을 기준으로 계약상 수행의무에 배분하므로 계약을 개시한 후의 개별 판매가격 변동을 반영하기 위해 거래가격을 다시 배분한다.
④ 계약에서 약속한 변동대가는 계약 전체에 기인할 수 있고 계약의 특정 부분에 기인할 수도 있으므로 계약의 모든 수행의무에 변동대가를 배분하는 것이 적절하지 않을 수 있다.

08.

한국채택국제회계기준에 따른 자산별 평가방법에 대한 설명으로 옳지 않은 것은?

① 재고자산의 경우 성격과 용도 면에서 유사한 재고자산에는 동일한 단위원가 결정방법을 적용하여야 하며, 성격이나 용도 면에서 차이가 있는 재고자산에는 서로 다른 단위원가 결정방법을 적용할 수 있다.

② 유형자산의 경우 원가모형이나 재평가모형 중 하나를 회계정책으로 선택하여 유형자산의 유형별로 동일하게 적용한다.

③ 무형자산의 회계정책으로 원가모형이나 재평가모형을 선택할 수 있다. 재평가모형을 적용하여 무형자산을 회계처리하는 경우에는, 같은 유형의 기타 모든 자산도 그에 대한 활성시장이 없는 경우를 제외하고는 동일한 방법을 적용하여 회계처리한다.

④ 투자부동산의 경우 유형별로 공정가치모형과 원가모형 중 하나를 선택하여 동일하게 적용하므로, 서로 다른 유형의 투자부동산은 각기 다른 방법을 적용할 수 있다.

09.

원가에 관한 설명으로 옳지 않은 것은?

① 가공원가(전환원가)는 직접노무원가와 제조간접원가를 합한 금액이다.

② 연간 발생할 것으로 기대되는 총변동원가는 관련 범위 내에서 일정하다.

③ 당기제품제조원가는 당기에 완성되어 제품으로 대체된 완성품의 제조원가이다.

④ 회피가능원가는 특정한 의사결정에 의하여 원가의 발생을 회피할 수 있는 원가로서 의사결정과 관련 있는 원가이다.

10.

다음 중 「지방자치단체 회계기준에 관한 규칙」에 대한 설명으로 옳지 않은 것은?

① 순자산변동표상 순자산의 증가사항은 전기오류수정이익, 회계기준변경으로 생긴 누적이익을 말한다.

② 회계정책의 변경에 따른 영향은 비교표시되는 직전 회계연도의 기초순자산 및 그 밖의 대응금액을 새로운 회계정책이 처음부터 적용된 것처럼 조정한다.

③ 회계 간의 재산 이관이나 물품 소관의 전환으로 취득한 자산의 가액은 직전 회계실체의 장부가액을 취득원가로 한다.

④ 회계 간의 재산 이관, 기부채납 등으로 생긴 순자산의 증가는 수익에 포함하지 아니한다.

01.

재무보고를 위한 개념체계에 관한 설명으로 옳지 않은 것은?

① 경제적효익의 유입가능성이나 유출가능성이 낮더라도 자산이나 부채가 존재할 수 있다.

② 부채가 발생하거나 인수할 때의 역사적 원가는 발생시키거나 인수하면서 수취한 대가에서 거래원가를 가산한 가치이다.

③ 매각이나 소비되는 자산의 원가에 대한 정보와 수취한 대가에 대한 정보는 예측가치를 가질 수 있다.

④ 가격 변동이 유의적일 경우, 현행원가를 기반으로 한 이익은 역사적 원가를 기반으로 한 이익보다 미래 이익을 예측하는 데 더 유용할 수 있다.

02.

유동부채로 분류되기 위한 조건에 대한 설명으로 옳지 않은 것은?

① 기업이 보고기간말 현재 기존의 대출계약조건에 따라 보고기간 후 적어도 12개월 이상 부채를 연장할 권리가 있다면, 보고기간 후 12개월 이내에 만기가 도래한다 하더라도 비유동부채로 분류한다.

② 보고기간말 이전에 장기차입약정의 약정사항을 위반했을 때 대여자가 즉시 상환을 요구할 수 있는 채무는 보고기간 후 재무제표 발행승인일 전에 대여자가 약정위반을 이유로 상환을 요구하지 않기로 합의하더라도 유동부채로 분류한다.

③ 보고기간말 현재 비유동부채로 분류되는 기준을 충족한다면, 비록 경영진이 보고기간 후 12개월 이내에 부채의 결제를 의도하거나 예상하더라도 비유동부채로 분류한다.

④ 보고기간말 현재 비유동부채로 분류되는 기준을 충족하더라도, 보고기간말과 재무제표 발행승인일 사이에 부채를 이미 결제한 경우라면 유동부채로 분류한다.

03.

시산표를 작성하는 목적 중의 하나는 회계기록상의 오류를 발견하는 데 있다. 다음 중 시산표에서 발견될 수 없는 오류는?

① 특정거래를 중복하여 기입한 오류

② 총계정원장의 대변금액을 시산표의 차변에 기입한 오류

③ 총계정원장의 현금계정 잔액을 시산표에 기입하지 않은 오류

④ 분개장의 차변금액을 총계정원장의 대변에 기입한 오류

04.

유형자산의 원가는 경영진이 의도하는 방식으로 자산을 가동하는 데 필요한 장소와 상태에 이르게 하는 데 직접 관련된 원가를 포함한다. 다음 중에서 이러한 원가와 관련 없는 것은 무엇인가?

① 유형자산의 취득과 관련하여 전문가에게 지급하는 수수료
② 유형자산이 정상적으로 작동되는지 여부를 시험하는 과정에서 발생하는 시험원가
③ 유형자산과 관련된 산출물에 대한 수요가 형성되는 과정에서 발생하는 초기 가동손실
④ 유형자산의 최초의 운송 및 취급 관련원가, 설치장소 준비원가, 설치원가 및 조립원가

05.

기업이 숙련된 종업원으로 구성된 팀을 보유하더라도 이를 무형자산으로 인식할 수 없는 이유는 무형자산의 요건 중 어느 것을 갖지 못하기 때문인가?

① 식별가능성
② 자원에 대한 통제
③ 미래경제적효익의 존재
④ 원가의 신뢰성 있는 측정

06.

투자부동산에 관한 설명으로 옳지 않은 것은?

① 투자부동산은 최초 인식시점에서 원가로 측정한다.
② 투자부동산을 개발하지 않고 처분하기로 결정하는 경우에는 재고자산으로 재분류하지 않는다.
③ 투자부동산의 공정가치 변동으로 발생하는 손익은 발생한 기간의 당기손익에 반영한다.
④ 투자부동산의 인식 후 측정에 있어서 자산의 분류별로 공정가치모형과 원가모형 중 선택하여 적용할 수 있다.

07.

다음 중 충당부채로 인식할 수 있는 것은?

① 미래의 예상 영업손실
② 손실부담계약을 체결하고 있는 경우에 관련된 현재의무
③ 법률 규정 때문에 공장에 특정 정화장치를 설치하는 지출을 계획하고 있는 경우
④ 제삼자와 연대하여 의무를 지는 경우에 이행할 전체 의무 중 제삼자가 이행할 것으로 예상되는 부분

08.

자본의 감소를 가져오는 거래는?

① 주주총회에서 보통주에 대해 현금배당을 지급하기로 결의하였다.
② 자기주식을 재발행하고 자기주식처분이익을 인식하였다.
③ 이월결손금을 보전하기 위하여 보통주자본금을 무상감자하였다.
④ 주주총회에서 사업확장적립금을 별도적립금으로 대체하기로 결의하였다.

09.

활동기준원가계산에 관한 설명으로 옳지 않은 것은?

① 활동기준원가계산은 생산환경의 변화에 따라 증가되는 제조간접원가를 좀 더 정확하게 제품에 배부하고 효과적으로 관리하기 위한 새로운 원가계산방법이라 할 수 있다.

② 활동기준원가계산에서는 일반적으로 활동의 유형을 단위수준활동, 묶음수준활동(배치수준활동), 제품유지활동, 설비유지활동의 4가지로 구분한다.

③ 제품유지활동은 주로 제조공정이나 생산설비 등을 유지하고 관리하기 위하여 수행되는 활동으로서 공장시설관리, 환경관리, 안전유지관리, 제품별 생산설비관리 등의 활동이 여기에 속한다.

④ 묶음수준활동은 원재료구매, 작업준비 등과 같이 묶음단위로 수행되는 활동을 의미하는데 품질검사의 경우 표본검사는 묶음수준활동으로 분류될 수 있지만, 전수조사에 의한 품질검사는 단위수준활동으로 분류된다.

10.

「국가회계기준에 관한 규칙」에 따른 자산의 정의와 구분에 대한 설명으로 옳지 않은 것은?

① 자산은 금융자산, 유·무형자산 및 기타 자산으로 구분하여 재정상태표에 표시한다.

② 금융자산이란 현금 또는 현금을 수취하거나 유리한 조건으로 자산을 교환할 수 있는 계약상의 권리인 자산으로서, 현금 및 현금성자산, 금융상품, 투자증권, 정부출자금, 대여금, 미수채권, 기타 금융자산을 말한다.

③ 유·무형자산은 일반유형자산과 무형자산으로 구분한다.

④ 기타 자산이란 금융자산과 유·무형자산에 해당하지 않는 자산을 말한다.

01.

『재무보고를 위한 개념체계』에 따른 공정가치와 사용가치의 주요 차이점에 대한 설명으로 옳은 것은?

① 공정가치는 직접 관측될 수 없지만, 사용가치는 활성시장에서 직접 관측될 수 있다.

② 공정가치는 자산을 취득할 때 발생한 거래원가를 반영하지 않지만, 사용가치는 자산을 취득할 때 발생한 거래원가를 포함한다.

③ 공정가치는 시장의 참여자 관점을 반영하지만, 사용가치는 시장참여자의 관점보다는 기업 특유의 관점을 반영한다.

④ 공정가치는 미래현금흐름에 기초하지만, 사용가치는 과거에 발생한 원가를 기초로 한다.

02.

포괄손익계산서의 구조와 내용에 대한 설명 중 옳지 않은 것은?

① 기업은 영업이익(또는 영업손실)을 포괄손익계산서에 구분하여 표시한다.

② 수익과 비용의 어느 항목도 포괄손익계산서에 특별손익으로 구분하여 표시할 수 없으나, 주석으로는 표시할 수 있다.

③ 비용의 성격별 또는 기능별 분류방법 중에서 신뢰성 있고 더욱 목적적합한 정보를 제공할 수 있는 방법을 적용하여 당기손익으로 인식한 비용의 분석내용을 표시한다.

④ 기타포괄손익의 구성요소와 관련한 법인세비용 금액은 포괄손익계산서나 주석에 공시한다.

03.

재고자산의 취득원가에 포함하는 것은?

① 재료원가, 노무원가 및 기타 제조원가 중 비정상적으로 낭비된 부분

② 후속 생산단계에 투입하기 전에 보관이 필요한 경우 이외의 보관원가

③ 적격자산에 해당하는 재고자산의 제조에 직접 관련된 차입원가

④ 취득과정에 직접 관련되어 있으며 과세당국으로부터 추후 환급받을 수 있는 제세금

04.

유형자산에 대해 재평가모형을 선택한 경우, 유형자산의 장부금액은 어떻게 결정되는가?

① 재평가일의 공정가치

② 재평가일의 공정가치와 회수가능액 중 작은 금액

③ 원가에서 감가상각누계액과 손상차손누계액을 차감한 금액

④ 재평가일의 공정가치에서 이후의 감가상각누계액과 손상차손누계액을 차감한 재평가금액

05.

다음 중 무형자산에 대한 설명으로 옳지 않은 것은?

① 내부적으로 창출한 영업권은 자산으로 인식하지 아니한다.

② 무형자산을 창출하기 위한 내부 프로젝트를 연구단계와 개발단계로 구분할 수 없는 경우에는 그 프로젝트에서 발생한 지출은 모두 연구단계에서 발생한 것으로 본다.

③ 내부적으로 창출한 브랜드, 고객 목록과 이와 실질이 유사한 항목은 무형자산으로 인식하지 아니한다.

④ 무형자산을 관리하는 직원의 교육훈련과 관련된 지출은 무형자산의 원가에 포함한다.

06.

우발부채 및 우발자산에 관한 설명으로 옳지 않은 것은?

① 우발부채와 우발자산은 재무상태표에 자산이나 부채로 인식하지 않는다.

② 제삼자와 연대하여 의무를 지는 경우, 이행할 전체 의무 중 제삼자가 이행할 것으로 예상되는 부분에 대해서는 우발부채로 처리한다.

③ 과거에 우발부채로 처리한 항목에 대해서는, 미래 경제적효익의 유출 가능성이 높아지고 해당 금액을 신뢰성 있게 추정할 수 있는 경우라 하더라도, 재무제표에 충당부채로 인식할 수 없다.

④ 기업은 관련 상황의 변화가 적절하게 재무제표에 반영될 수 있도록 우발자산을 지속적으로 평가하여야 한다.

07.

'고객과의 계약에서 생기는 수익' 중 재매입약정에 대한 설명으로 옳지 않은 것은?

① 기업이 자산을 다시 사야 하는 의무나 다시 살 수 있는 권리(선도나 콜옵션)가 있다면, 기업은 자산을 통제하지 못한다.

② 재매입약정은 자산을 판매하고, 그 자산을 다시 사기로 약속하거나 다시 살 수 있는 선택권을 갖는 계약이다.

③ 선도나 콜옵션의 재매입약정의 경우, 기업은 리스 계약이나 금융약정으로 회계처리한다.

④ 기업이 자산을 원래 판매가격 이상의 금액으로 다시 살 수 있거나 다시 사야 하는 경우, 금융약정으로 회계처리한다.

08.

기말 결산시 수정분개를 할 때 고려해야 하는 것으로, 차기에 현금유입 또는 유출을 수반하는 계정 중에 '미수수익'과 '미지급비용'이 있다. 두 계정에 관한 설명으로 가장 옳은 것은?

① 당기 미지급비용이 증가하든 미수수익이 증가하든 차기 현금이 감소한다.

② 당기 미지급비용이 증가하면 일반적으로 차기 현금이 감소하지만 당기 미수수익이 증가하면 일반적으로 차기 현금은 증가한다.

③ 당기 미지급비용이 증가하면 일반적으로 차기 현금이 증가하지만 당기 미수수익이 증가하면 차기 현금의 증감에는 영향이 없다.

④ 당기 미지급비용이 증가하든 미수수익이 증가하든 차기 현금이 증가한다.

09.

종합원가계산제도를 적용함에 있어 원가흐름을 선입선출법으로 가정한 경우와 평균법으로 가정하는 경우에 대한 설명으로 옳지 않은 것은?

① 평균법의 완성품환산량이 선입선출법의 완성품환산량보다 크거나 같다.
② 평균법은 완성품환산량 계산시 기초재공품을 당기에 착수한 것으로 가정한다.
③ 선입선출법은 평균법에 비해 실제 물량흐름에 충실한 원가흐름의 가정이며, 당기의 성과를 이전의 기간과 독립적으로 평가할 수 있어 계획과 통제목적에 유용한 방법이다.
④ 기초재공품이 없다고 하더라도, 평균법과 선입선출법의 가정이 다르기 때문에 완성품환산량이 달라진다.

10.

「지방회계법」에 대한 다음 설명 중 옳지 않은 것은?

① 지방자치단체의 결산서는 결산 개요, 세입·세출예산, 재무제표(주석 포함)로 구성된다.
② 지방자치단체의 회계연도는 매년 1월 1일에 시작하여 12월 31일에 끝난다.
③ 지방자치단체의 재무제표는 지방회계기준에 따라 작성하여야 하고, 「공인회계사법」에 따른 공인회계사의 검토의견을 첨부하여야 한다.
④ 지방자치단체의 장은 여성과 남성이 동등하게 예산의 혜택을 받고 예산이 성차별을 개선하는 방향으로 집행되었는지를 평가하는 성인지 결산서를 작성하여야 한다.

01.

다음 중 경제적효익을 창출할 잠재력을 지닌 권리로 볼 수 없는 것은?

① 지적재산 사용권
② 리스제공자산의 잔존가치에서 효익을 얻을 권리
③ 기업이 발행한 후 재매입하여 보유하고 있는 자기주식
④ 유리한 조건으로 다른 당사자와 경제적자원을 교환할 권리

02.

포괄손익계산서에 관한 설명으로 옳은 것은?

① 기업은 수익에서 매출원가 및 판매비와관리비(물류원가 등을 포함)를 차감한 영업이익(또는 영업손실)을 포괄손익계산서에 구분하여 표시한다.
② 비용을 성격별로 분류하는 기업은 매출원가, 감가상각비, 기타 상각비와 종업원급여비용을 포함하여 비용의 기능에 대한 추가 정보를 공시한다.
③ 재분류조정은 당기나 과거 기간에 기타포괄손익으로 인식되었다가 당기에 자본잉여금으로 재분류된 금액을 의미한다.
④ 기타포괄손익의 항목은 세후금액으로 표시할 수 없으며, 관련된 법인세 효과 반영 전 금액으로 표시하고 각 항목들에 관련된 법인세 효과는 단일금액으로 합산하여 표시한다.

03.

금융자산의 정형화된 매입 또는 매도는 언제 인식하거나 제거하는가?

① 매매일에 인식하거나 제거한다.
② 결제일에 인식하거나 제거한다.
③ 매매일이나 결제일에 인식하거나 제거한다.
④ 매매일과 결제일 사이에 인식하거나 제거한다.

04.

유형자산의 취득원가에 포함되지 않는 것은?

① 유형자산과 관련된 산출물에 대한 수요가 형성되는 과정에서 발생하는 가동손실과 같은 초기 가동손실
② 설치장소 준비 원가
③ 유형자산이 정상적으로 작동되는지 여부를 시험하는 과정에서 발생하는 원가
④ 최초의 운송 및 취급관련 원가

05.

무형자산의 회계정책으로 재평가모형을 선택한 경우, 공정가치는 활성시장을 기초로 하여 측정한다. 이에 대한 설명으로 옳지 않은 것은?

① 재평가모형을 적용하여 무형자산을 회계처리하는 경우에는, 같은 유형의 기타 모든 자산도 그에 대한 활성시장이 없는 경우를 제외하고는 동일한 방법을 적용하여 회계처리한다.
② 재평가한 무형자산과 같은 유형 내의 무형자산을 그 자산에 대한 활성시장이 없어서 재평가할 수 없는 경우에는 원가에서 상각누계액과 손상차손누계액을 차감한 금액으로 표시한다.
③ 재평가한 무형자산의 공정가치를 더 이상 활성시장을 기초로 하여 측정할 수 없는 경우에는 자산의 장부금액은 최종 재평가일의 재평가금액으로 한다.
④ 재평가한 무형자산에 대하여 더 이상 활성시장이 존재하지 않는다는 것은 자산이 손상되어 손상검사를 할 필요가 있다는 것을 나타내는 것일 수 있다.

다음 보기 중 투자부동산의 최초 인식 시 원가에 포함하는 항목에 해당하는 것은?

> ㄱ. 거래원가
> ㄴ. 구입에 직접 관련이 있는 법률용역 수수료
> ㄷ. 계획된 사용수준에 도달하기 전에 발생하는 부동산의 운영손실
> ㄹ. 투자부동산을 후불조건으로 취득하는 경우, 실제 총지급액과 취득시점의 현금가격상당액의 차액

① ㄴ
② ㄱ, ㄴ
③ ㄱ, ㄴ, ㄷ
④ ㄱ, ㄴ, ㄹ

07.

충당부채 회계처리에 관한 설명으로 옳지 않은 것은?

① 미래의 예상 영업손실은 충당부채로 인식한다.
② 충당부채는 최초 인식과 관련 있는 지출에만 사용한다.
③ 예상되는 자산 처분이익은 충당부채를 측정하는 데 고려하지 아니한다.
④ 화폐의 시간가치 영향이 중요한 경우에 충당부채는 의무를 이행하기 위하여 예상되는 지출액의 현재가치로 평가한다.

08.

다음 중 공정가치로 측정하는 항목에 대한 설명으로 옳지 않은 것은?

① 사업결합으로 취득하는 무형자산의 원가는 취득일 공정가치로 한다.
② 금융자산이나 금융부채는 최초 인식시점에 공정가치로 측정하는 것이 원칙이다.
③ 유형자산의 교환거래에 있어 취득한 자산이나 제공한 자산의 공정가치를 신뢰성 있게 측정할 수 있다면, 취득한 자산의 공정가치가 더 명백한 경우를 제외하고는 취득한 자산의 원가를 제공한 자산의 공정가치로 측정한다.
④ 생물자산은 최초 인식시점과 매 보고기간말에 공정가치로 측정하여야 한다.

09.

다음 중 원가계산시스템에 대한 설명으로 옳지 않은 것은?

① 정상개별원가계산에서는 실제 발생한 직접재료원가를 작업별로 추적하여 집계한다.
② 개별원가계산은 제품이나 부문별로 원가를 집계하는 반면, 활동기준원가계산은 활동별로 원가를 집계한다.
③ 종합원가계산은 동일제품을 대량생산하는 업종에 적용되는 반면, 개별원가계산은 여러 종류의 제품을 소량으로 생산하는 업종에 적용된다.
④ 실제개별원가계산에서는 실제 발생한 제조간접원가를 제조간접원가 예정배부율을 이용하여 작업별로 배부한다.

「국가회계기준에 관한 규칙」의 부채에 대한 다음 설명 중 옳지 않은 것은?

① 국가안보와 관련된 부채는 기획재정부장관과 협의하여 부채로 인식하지 아니할 수 있다. 이 경우 해당 중앙관서의 장은 해당 부채의 종류, 취득시기 및 관리현황 등을 별도의 장부에 기록하여야 한다.

② 비화폐성 외화부채에서 발생한 손익을 순자산조정에 반영하는 경우 그 손익에 포함된 환율변동효과는 재정운영순원가에 반영한다.

③ 국채등의 액면가액과 발행가액의 차이는 할인(할증)발행차금 과목으로 액면가액에 빼거나 더하는 형식으로 표시하며, 그 할인(할증)발행차금은 발행한 때부터 최종 상환할 때까지의 기간에 유효이자율로 상각 또는 환입하여 국채등에 대한 이자비용에 더하거나 뺀다.

④ 퇴직급여충당부채는 재정상태표일 현재 「공무원연금법」 및 「군인연금법」을 적용받지 아니하는 퇴직금 지급대상자가 일시에 퇴직할 경우 지급하여야 할 퇴직금으로 평가한다.

01.

재무회계 개념체계와 관련된 설명 중 옳지 않은 것은?

① 재무제표의 목적은 보고기업에 유입될 미래순현금흐름에 대한 전망과 보고기업의 경제적자원에 대한 경영진의 수탁책임을 평가하는 데 유용한 보고기업의 자산, 부채, 자본, 수익 및 비용에 대한 재무정보를 재무제표이용자들에게 제공하는 것이다.

② 재무제표이용자들이 변화와 추세를 식별하고 평가하는 것을 돕기 위해, 재무제표는 최소한 직전 연도에 대한 비교정보를 제공한다.

③ 재무제표는 기업의 현재 및 잠재적 투자자, 대여자와 그 밖의 채권자의 관점에서 거래 및 그 밖의 사건에 대한 정보를 제공한다.

④ 보고기업은 반드시 법적실체일 필요는 없고, 단일의 실체이거나 어떤 실체의 일부일 수 있으며, 둘 이상의 실체로 구성될 수도 있다.

02.

재무상태표의 기타포괄손익누계액 항목 중 후속적으로 당기손익으로 재분류조정될 수 있는 항목은?

① 기타포괄손익공정가치측정(FVOCI)으로 선택한 지분상품 평가손익

② 기타포괄손익공정가치측정(FVOCI) 채무상품 평가손익

③ 확정급여제도의 재측정요소

④ 자산재평가손익

03.

재고자산의 저가법 평가와 관련된 기업회계기준서의 설명으로 옳지 않은 것은?

① 재고자산에 대한 저가법은 항목별로 적용하는 것이 원칙이며, 재고자산의 분류나 특정 영업부문에 속하는 모든 재고자산에 기초하여 저가법을 적용하는 것은 적절하지 않다.

② 확정판매계약 또는 용역계약을 이행하기 위하여 보유하는 재고자산의 순실현가능가치는 공정가치에 기초한다.

③ 완성될 제품이 원가 이상으로 판매될 것으로 예상하는 경우에는 그 생산에 투입하기 위해 보유하는 원재료 및 기타 소모품을 감액하지 아니한다.

④ 재고자산의 감액을 초래했던 상황이 해소되거나 경제상황의 변동으로 순실현가능가치가 상승한 명백한 증거가 있는 경우에는 최초의 장부금액을 초과하지 않는 범위 내에서 평가손실을 환입한다.

04.

유형자산의 재평가 회계처리에 관한 설명으로 옳은 것은?

① 재평가는 자산의 장부금액이 공정가치와 중요하게 차이가 나지 않도록 매 보고기간말에 수행한다.

② 특정 유형자산을 재평가할 때, 해당 자산이 포함되는 유형자산 분류 전체를 재평가할 필요는 없으며, 개별 유형자산별로 재평가모형을 선택하는 것이 가능하다.

③ 자산의 장부금액이 재평가로 인하여 증가된 경우에 그 증가액은 동일한 자산에 대하여 이전에 당기손익으로 인식한 재평가감소액이 있다 하더라도 기타포괄손익으로 인식하고 재평가잉여금의 과목으로 자본에 가산한다.

④ 자산의 장부금액이 재평가로 인하여 감소된 경우에 그 감소액은 당기손익으로 인식한다. 그러나 그 자산에 대한 재평가잉여금의 잔액이 있다면 그 금액을 한도로 재평가감소액을 기타포괄손익으로 인식한다.

05.

무형자산의 회계처리에 관한 설명으로 옳지 않은 것은?

① 무형자산의 잔존가치는 해당 자산의 장부금액과 같거나 큰 금액으로 증가할 수도 있다.

② 브랜드, 제호, 출판표제, 고객목록, 그리고 이와 실질이 유사한 항목(외부에서 취득하였는지 또는 내부적으로 창출하였는지에 관계없이)에 대한 취득이나 완성 후의 지출은 발생시점에 항상 당기손익으로 인식한다.

③ 무형자산의 상각방법은 자산의 경제적효익이 소비될 것으로 예상되는 형태를 반영한 방법이어야 하지만, 그 형태를 신뢰성 있게 결정할 수 없는 경우에는 정액법을 사용한다.

④ 내용연수가 비한정적인 무형자산은 상각하지 않고, 무형자산의 손상을 시사하는 징후가 있을 경우에 한하여 손상검사를 수행한다.

06.

다음 중 충당부채로 인식 가능한 것은?

① 자원 유출이 필요할 가능성이 높은 현재 의무가 존재한다.

② 자원 유출 가능성이 희박한 잠재적 의무 또는 현재 의무가 존재한다.

③ 경제적 효익의 유입이 거의 확실하며, 현재의 권리가 명백하게 존재한다.

④ 자원 유출이 필요할 수는 있지만, 그렇지 않을 가능성이 높은 잠재적 의무 또는 현재의무가 존재한다.

07.

고객과의 계약에서 생기는 수익에 관한 설명으로 옳지 않은 것은?

① 고객과의 계약에서 약속한 대가에 변동금액이 포함된 경우 기업은 고객에게 약속한 재화나 용역을 이전하고 그 대가로 받을 권리를 갖게 될 금액을 추정한다.

② 고객이 재화나 용역의 대가를 선급하였고 그 재화나 용역의 이전 시점이 고객의 재량에 따라 결정된다면, 기업은 거래가격을 산정할 때 화폐의 시간가치가 미치는 영향을 고려하여 약속된 대가(금액)를 조정해야 한다.

③ 적절한 진행률 측정방법에는 산출법과 투입법이 포함되며, 진행률 측정방법을 적용할 때 고객에게 통제를 이전하지 않은 재화나 용역은 진행률 측정에서 제외한다.

④ 고객이 기업이 수행하는 대로 기업의 수행에서 제공하는 효익을 동시에 얻고 소비한다면, 기업은 재화나 용역에 대한 통제를 기간에 걸쳐 이전하는 것이므로 기간에 걸쳐 수익을 인식한다.

08.

주식분할과 주식배당이 다음 항목에 미치는 영향으로 옳은 것은?

	항목	주식분할	주식배당
①	유통주식수	증가	증가
②	이익잉여금	변동 없음	변동 없음
③	총자본	감소	변동 없음
④	주당액면가액	감소	증가

09.

성과평가방법에 관한 설명으로 옳은 것은?

① 투자수익률(ROI)은 사업부의 역기능적 행동, 즉 준최적화의 문제를 해소한다.

② 잔여이익(RI)은 투자중심점별로 투자규모가 다른 경우 성과 비교에 유용하다.

③ 투자수익률(ROI)과 잔여이익(RI)에서 채택된 최적 투자안은 같아야 한다.

④ 경제적부가가치(EVA)는 타인자본비용뿐만 아니라 자기자본비용도 고려한다.

10.

「국가회계기준에 관한 규칙」과 「지방자치단체 회계기준에 관한 규칙」에 따른 현금흐름표에 대한 설명으로 옳지 않은 것은?

① 국가의 현금흐름표는 운영활동, 투자활동, 재무활동으로 구분하여 표시한다.

② 국가의 현금흐름표 중 운영활동의 경우에는 현금의 유입은 원천별로, 현금의 유출은 용도별로 각각 분류하는 간접법으로 작성하는 것을 원칙으로 한다.

③ 지방자치단체의 현금흐름표는 경상활동, 투자활동, 재무활동으로 구성된다.

④ 지방자치단체의 현금흐름표에 현금의 유입과 유출은 회계연도 중의 증가나 감소를 상계하지 아니하고 각각 총액으로 적는다. 다만, 거래가 잦아 총금액이 크고 단기간에 만기가 도래하는 경우에는 순증감액으로 적을 수 있다.

01.

재무보고를 위한 개념체계에 관한 설명으로 옳지 않은
것은?

① 개념체계는 특정 거래나 다른 사건에 적용할 회계
기준이 없는 경우에 재무제표 작성자가 일관된 회
계정책을 개발하는 데 도움을 준다.
② 개념체계의 어떠한 내용도 회계기준이나 회계기
준의 요구사항에 우선하지 아니한다.
③ 일반목적재무보고의 목적을 달성하기 위해 회계
기준위원회는 개념체계의 관점에서 벗어난 요구
사항을 정하는 경우가 있을 수 있다.
④ 개념체계는 수시로 개정될 수 있으며, 개념체계가
개정되면 자동으로 회계기준이 개정된다.

02.

포괄손익계산서에 대한 설명으로 옳지 않은 것은?

① 당기손익과 기타포괄손익은 단일의 포괄손익계산
서에 두 부분으로 나누어 표시할 수 있다.
② 수익과 비용의 어느 항목도 당기손익과 기타포괄
손익을 표시하는 보고서 또는 주석에 특별손익 항
목으로 표시할 수 없다.
③ 기타포괄손익의 항목(재분류조정 포함)과 관련한
법인세비용 금액은 포괄손익계산서나 주석에 공
시한다.
④ 비용의 기능에 대한 정보가 미래현금흐름을 예측
하는 데 유용하기 때문에, 비용을 성격별로 분류하
는 경우에는 추가 공시가 필요하다.

03.

다음 중 발생주의 회계처리로 볼 수 없는 것은?

① 상품을 판매하기로 하고 수취한 계약금을 매출수
익으로 계상하다.
② 기말에 미지급된 급여를 당해연도 비용으로 계상
하다.
③ 매출채권에 대한 대손충당금을 설정하다.
④ 기말에 보험료 미경과액을 계상하다.

04.

다음 중 유형자산의 감가상각액이 영(0)이 되는 경우는?

① 유형자산의 공정가치가 장부금액을 초과하는 경
우
② 유형자산이 운휴 중인 경우
③ 유형자산이 적극적인 사용상태가 아닌 경우
④ 유형자산의 잔존가치가 해당 자산의 장부금액과
같거나 큰 금액으로 증가하는 경우

05.

무형자산에 관한 설명으로 옳지 않은 것은?

① 새로운 계층의 고객을 대상으로 사업을 수행하는
데서 발생하는 원가는 무형자산으로 인식한다.
② 내용연수가 비한정인 무형자산은 상각하지 아니
한다.
③ 무형자산을 최초로 인식할 때에는 원가로 측정한다.
④ 무형자산 취득원가의 인식은 그 자산을 경영자가
의도하는 방식으로 운용될 수 있는 상태에 이르면
중지한다.

06.

재고자산과 수확물(생물자산에서 수확한 생산물)에 대한 설명으로 옳지 않은 것은?

① 재고자산은 취득원가와 순실현가능가치 중 낮은 금액으로 측정한다.

② 확정판매계약을 이행하기 위하여 보유하는 재고자산의 순실현가능가치는 계약가격에 기초한다.

③ 생물자산에서 수확된 수확물은 수확시점에 공정가치에서 처분부대원가를 뺀 금액으로 측정하여야 한다.

④ 수확물에 대해 확정판매계약을 체결한 경우, 공정가치는 계약가격이 된다.

07.

다음 중 금융부채의 제거에 대한 설명으로 옳지 않은 것은?

① 기존 차입자와 대여자가 실질적으로 다른 조건으로 채무상품을 교환한 경우에 기존 금융부채는 유지한 상태에서 새로운 금융부채를 공정가치로 인식한다.

② 소멸하거나 제3자에게 양도한 금융부채의 장부금액과 지급한 대가의 차액은 당기손익으로 인식한다.

③ 금융부채는 계약상 의무가 이행, 취소, 만료 등으로 소멸된 경우에만 재무상태표에서 제거한다.

④ 금융부채의 일부를 재매입하는 경우에 종전 금융부채의 장부금액은 계속 인식하는 부분과 제거하는 부분에 대해 재매입일 현재 각 부분의 상대적 공정가치를 기준으로 배분한다.

08.

현금흐름표에 관한 설명으로 옳지 않은 것은?

① 현금흐름표는 회계기간 동안 발생한 현금흐름을 영업활동, 투자활동 및 재무활동으로 분류하여 보고한다.

② 종속기업과 기타 사업에 대한 지배력의 획득 또는 상실에 따른 총현금흐름은 별도로 표시하고 재무활동으로 분류한다.

③ 외화거래에서 발생하는 현금흐름은 현금흐름 발생일의 기능통화와 외화 사이의 환율을 외화 금액에 적용하여 환산한 기능통화 금액으로 기록한다.

④ 현금및현금성자산의 사용을 수반하지 않는 투자활동과 재무활동 거래는 현금흐름표에서 제외한다.

09.

다음 중에서 자동차 생산기업의 제조간접원가에 포함되는 항목은?

① 특정 자동차 생산라인에서 일하는 생산직의 급여
② 타이어 생산업체에서 구입한 타이어
③ 판매관리직의 인건비
④ 생산을 지원하는 구매부나 자재관리부 직원의 급여

10.

다음 중 중앙관서 또는 기금의 재정운영표를 통합하여 작성하는 국가의 성질별 재정운영표에 표시하는 수익항목이 아닌 것은?

① 비배분수익
② 국세수익
③ 이전수익
④ 국가운영수익

01.

재무보고를 위한 개념체계에 따른 일반목적재무보고에 대한 설명으로 옳지 않은 것은?

① 많은 현재 및 잠재적 투자자, 대여자 및 그 밖의 채권자는 정보를 제공하도록 보고기업에 직접 요구할 수 없고, 그들이 필요로 하는 재무정보의 많은 부분을 일반목적재무보고서에 의존해야만 하기에, 그들이 일반목적재무보고서의 대상이 되는 주요이용자이다.

② 일반목적재무보고서는 현재 및 잠재적 투자자, 대여자와 그 밖의 채권자가 필요로 하는 모든 정보를 제공하지는 않으며 제공할 수도 없다.

③ 회계기준을 제정할 때 최대 다수의 공통된 정보수요에 초점을 맞추어야 하므로, 주요이용자의 특정 일부집단에게 가장 유용한 추가 정보를 포함하도록 해서는 안 된다.

④ 규제기관 그리고 (투자자, 대여자와 그 밖의 채권자가 아닌) 일반대중도 일반목적재무보고서가 유용하다고 여길 수 있지만, 일반목적재무보고서는 이러한 그 밖의 집단을 주요 대상으로 한 것이 아니다.

02.

재무제표 표시에 관한 일반사항으로 옳지 않은 것은?

① 서술형 정보는 당기 재무제표를 이해하는 데 목적적합하더라도 비교정보를 표시하지 아니한다.

② 재무제표가 계속기업 기준으로 작성되지 않을 경우, 그 사실과 함께 재무제표 작성기준과 계속기업으로 보지 않는 이유를 공시하여야 한다.

③ 중요하지 않은 항목은 성격이나 기능이 유사한 항목과 통합하여 표시할 수 있다.

④ 한국채택국제회계기준을 준수하여 작성된 재무제표는 공정하게 표시된 재무제표로 본다.

03.

재고자산에 대한 설명으로 옳은 것은?

① 완성될 제품이 원가 이상으로 판매될 것으로 예상하는 경우에는 그 생산에 투입하기 위해 보유하는 원재료 및 기타 소모품을 감액하지 않는다.

② 재고자산평가를 위한 저가법은 총액을 기준으로 평가하여야 한다. 그러나 재고항목들이 서로 유사하거나 관련되어 있는 경우에는 저가법을 항목별로 적용할 수 있다.

③ 개별법을 적용할 수 없는 재고자산의 단위원가는 가중평균법, 선입선출법 또는 후입선출법 중 한 가지 방법을 선택하여 적용한다.

④ 특정고객을 위한 비제조 간접원가 또는 제품 디자인원가는 재고자산 원가에 항상 포함되지 않는다.

04.

유형자산 관련 용어의 정의로 옳지 않은 것은?

① 회수가능액은 자산의 공정가치와 사용가치 중 작은 금액이다.

② 잔존가치는 자산이 이미 오래되어 내용연수 종료시점에 도달하였다는 가정하에 자산의 처분으로부터 현재 획득할 금액에서 추정 처분부대원가를 차감한 금액의 추정치이다.

③ 장부금액은 감가상각누계액과 손상차손누계액을 뺀 후에 인식되는 자산 금액이다.

④ 기업특유가치는 자산의 계속적 사용으로부터 그리고 내용연수 종료시점에 처분으로부터 발생할 것으로 기대되는 현금흐름의 현재가치이다.

05.

다음 중 무형자산에 대한 회계처리 내용으로 옳지 않은 것은?

① 컴퓨터로 제어되는 기계장치가 특정 컴퓨터소프트웨어가 없으면 가동이 불가능한 경우에는 그 기계장치를 관련된 소프트웨어의 일부로 보아 무형자산으로 회계처리한다.
② 연구와 개발활동으로 인하여 물리적 형체(예: 시제품)가 있는 자산이 만들어지더라도, 그 자산의 물리적 요소는 무형자산 요소 즉, 그 자산이 갖는 지식에 부수적인 것으로 본다.
③ 내용연수가 비한정인 무형자산은 상각하지 아니하며, 매년 혹은 무형자산의 손상을 시사하는 징후가 있을 때 회수가능액과 장부금액을 비교하여 손상검사를 수행하여야 한다.
④ 사업결합 전에 그 자산을 피취득자가 인식하였는지 여부에 관계없이, 취득자는 취득일에 피취득자의 무형자산을 영업권과 분리하여 인식한다.

06.

충당부채로 인식하는 금액은 현재의무를 보고기간 말에 이행하기 위하여 필요한 지출에 대한 최선의 추정치이어야 한다. 이와 관련된 설명으로 옳지 않은 것은?

① 충당부채에 대한 최선의 추정치를 구할 때에는 관련된 여러 사건과 상황에 따르는 불가피한 위험과 불확실성을 고려한다.
② 화폐의 시간가치 영향이 중요한 경우에 충당부채는 의무를 이행하기 위하여 예상되는 지출액의 현재가치로 평가한다.
③ 현재의무를 이행하기 위하여 필요한 지출 금액에 영향을 미치는 미래 사건이 일어날 것이라는 충분하고 객관적인 증거가 있는 경우에는 그 미래 사건을 고려하여 충당부채 금액을 추정한다.
④ 충당부채를 생기게 한 사건과 밀접하게 관련된 자산 처분이익이 예상되는 경우에는 이를 고려하여 충당부채 금액을 추정한다.

07.

『기업회계기준서 제1115호 고객과의 계약에서 생기는 수익』에 따라 거래가격을 수행의무에 배분할 때 배분의 기준이 되는 것은?

① 재화나 용역의 공정가치
② 재화나 용역의 개별 판매가격
③ 재화의 완성도나 용역의 진행률
④ 재화나 용역의 예상원가

08.

다음 중 화폐의 시간가치 적용이 명시적으로 배제되는 항목은?

① 확정급여채무
② 대가가 분할되어 수취되는 할부판매
③ 장기충당부채
④ 이연법인세자산과 이연법인세부채

09.

제품생산에 사용한 기계의 감가상각비를 기간비용으로 처리한 결과로 옳은 것은? (단, 선입선출법이 적용된 기말재공품재고가 존재한다.)

① 매출총이익이 과소계산 된다.
② 판매관리비가 과소계산 된다.
③ 당기총제조원가가 과대계산 된다.
④ 기말재공품재고 금액이 과소계산 된다.

10.

「국가회계기준에 관한 규칙」에 따른 자산의 평가에 대한
내용으로 옳은 것은?

① 투자증권은 매입가액에 부대비용을 더하고 종목
별로 개별법 등을 적용하여 산정한 가액을 취득원
가로 한다.

② 재고자산은 제조원가 또는 매입가액에 부대비용
을 더한 금액을 취득원가로 하고 품목별로 총평균
법을 적용하여 평가한다.

③ 압수품 및 몰수품이 비화폐성자산인 경우 압류 또
는 몰수 당시의 감정가액 또는 공정가액 등으로 평
가한다.

④ 무형자산은 정액법에 따라 해당 자산을 사용할 수
있는 시점부터 합리적인 기간 동안 상각한다. 이
경우 상각기간은 독점적·배타적인 권리를 부여하
고 있는 관계 법령이나 계약에서 정한 경우를 제외
하고는 30년을 초과할 수 없다.

01.

다음에서 설명하고 있는 측정기준은?

> 기업이 접근할 수 있는 시장의 참여자 관점을 반영한다. 시장참여자가 경제적으로 최선의 행동을 한다면 자산의 가격을 결정할 때 사용할 가정과 동일한 가정을 사용하여 그 자산을 측정한다.

① 공정가치
② 사용가치
③ 역사적원가
④ 현행원가

02.

한국채택국제회계기준에 따른 재무제표 작성에 대한 설명으로 옳지 않은 것은?

① 경영진이 기업을 청산하거나 경영활동을 중단할 의도를 가지고 있지 않거나, 청산 또는 경영활동의 중단 외에 다른 현실적 대안이 없는 경우가 아니면 계속기업을 전제로 재무제표를 작성한다.
② 기업은 현금흐름 정보를 제외하고는 발생기준 회계를 사용하여 재무제표를 작성한다.
③ 전체 재무제표는 적어도 1년마다 작성한다.
④ 최소한, 한 개의 재무상태표와 한 개의 포괄손익계산서, 한 개의 별개 손익계산서(표시하는 경우), 한 개의 현금흐름표, 한 개의 자본변동표 그리고 관련 주석을 표시해야 한다.

03.

금융상품에 관한 설명으로 옳지 않은 것은?

① 금융상품이란 거래당사자 어느 한쪽에게는 금융자산이 생기게 하고 거래상대방에게 금융부채나 지분상품이 생기게 하는 모든 계약을 의미한다.
② 잠재적으로 유리한 조건으로 거래상대방과 금융자산이나 금융부채를 교환하기로 한 계약상 권리는 금융자산에 해당한다.
③ 거래상대방에게 현금 등 금융자산을 인도하기로 한 계약상 의무는 금융부채에 해당한다.
④ 기업이 자기지분상품을 재취득하는 경우에는 이러한 지분상품은 금융자산으로 인식한다.

04.

유형자산의 취득원가에 관한 설명으로 옳은 것은?

① 새로운 상품과 서비스를 소개하는 데 소요되는 원가는 취득원가에 포함한다.
② 기업의 영업 전부 또는 일부를 재배치하거나 재편성하는 과정에서 발생하는 원가는 유형자산의 장부금액에 포함하지 않는다.
③ 유형자산 취득 과정에서 전문가에게 지급한 수수료는 취득원가에 포함하지 않는다.
④ 유형자산의 매입 또는 건설과 직접 관련되어 발생한 종업원급여는 취득원가에 포함하지 않는다.

05.

무형자산에 관한 설명으로 옳지 않은 것은?

① 내용연수가 비한정인 무형자산은 상각하지 아니한다.
② 무형자산을 최초로 인식할 때에는 원가로 측정한다.
③ 최초에 비용으로 인식한 무형항목에 대한 지출은 그 이후에 무형자산의 원가로 인식할 수 없다.
④ 무형자산의 경제적효익이 소비될 것으로 예상되는 형태를 반영한 방법을 신뢰성 있게 결정할 수 없을 경우 상각방법은 정률법을 사용한다.

06.

'투자부동산'의 회계처리에 관한 설명으로 옳지 않은 것은?

① 장래 사용목적을 결정하지 못한 채로 보유하고 있는 토지는 자가사용부동산으로 회계처리한다.
② 투자부동산을 정상적인 영업과정에서 판매하기 위해 개발을 시작하면 재고자산으로 대체한다.
③ 건설이나 개발이 완료되어 건설중인자산을 공정가치로 평가하는 투자부동산으로 대체하는 경우, 부동산의 장부금액과 대체시점의 공정가치의 차액은 당기손익으로 인식한다.
④ 재고자산을 공정가치로 평가하는 투자부동산으로 대체하는 경우, 재고자산의 장부금액과 대체시점의 공정가치의 차액은 당기손익으로 인식한다.

07.

충당부채와 우발부채는 의무를 이행하기 위하여 경제적 효익이 있는 자원을 유출할 가능성과 금액의 추정 가능성에 따라 다르게 회계처리한다. 이에 대한 설명으로 옳지 않은 것은?

① 자원 유출이 필요할 가능성이 높은 경우, 충당부채를 인식하고 충당부채에 대한 공시를 해야 한다.
② 자원 유출이 필요할 수는 있지만, 그렇지 않을 가능성이 높은 경우 충당부채를 인식하지 아니하고, 우발부채에 대한 공시를 해야 한다.
③ 자원 유출 가능성이 희박한 경우 충당부채를 인식하지 아니하고, 공시할 의무도 없다.
④ 금액을 신뢰성 있게 측정할 수 없어 부채로 인식할 수 없는 경우 충당부채를 인식하지 아니하고, 공시할 의무도 없다.

08.

다음 중 자본이 증가되는 거래는?

① 전환사채의 전환
② 이익준비금의 적립
③ 주식발행초과금의 자본전입
④ 자기주식의 취득

09.

㈜한국의 기말재공품은 기초재공품보다 크고, 기말제품재고액은 기초제품재고액과 동일하다고 할 때, 다음 중 옳은 내용은?

① 당기총제조원가는 매출원가보다 크다.
② 당기제품제조원가는 매출원가보다 크다.
③ 매출원가가 당기총제조원가보다 크다.
④ 당기제품제조원가가 당기총제조원가보다 크다.

「국가회계기준에 관한 규칙」과 「지방자치단체 회계기준에 관한 규칙」의 수익과 비용에 대한 다음 설명 중 옳지 않은 것은?

① 국가의 수익은 국가의 재정활동과 관련하여 재화 또는 용역을 제공한 대가로 발생하거나, 직접적인 반대급부 없이 법령에 따라 납부의무가 발생한 금품의 수납 또는 자발적인 기부금 수령 등에 따라 발생하는 순자산의 증가를 말한다.

② 국가의 부담금수익, 기부금수익, 무상이전수입은 청구권 등이 확정된 때에 그 확정된 금액을 수익으로 인식한다.

③ 지방자치단체의 수익은 재원조달의 원천에 따라 자체조달수익, 정부간이전수익, 기타수익으로 구분한다.

④ 지방자치단체의 비용은 자산의 감소나 부채의 증가를 초래하는 회계연도 동안의 거래로 생긴 순자산의 감소를 말하며, 회계 간의 재산 이관, 물품 소관의 전환 등으로 생긴 순자산의 감소도 비용에 포함한다.

01.

재무보고를 위한 개념체계에 관한 설명으로 옳지 않은 것은?

① 재무정보가 예측가치를 갖기 위해서 그 자체가 예측치 또는 예상치일 필요는 없다.

② 계량화된 정보가 검증가능하기 위해서 단일 점추정치이어야 할 필요는 없다. 가능한 금액의 범위 및 관련된 확률도 검증될 수 있다.

③ 비교가능성은 이용자들이 항목 간의 유사점과 차이점을 식별하고 이해할 수 있게 하는 질적특성이며, 비교하기 위해 두 항목 이상이 필요한 것은 아니다.

④ 보고기업은 단일의 실체이거나 어떤 실체의 일부일 수 있으며, 둘 이상의 실체로 구성될 수도 있다. 보고기업이 반드시 법적 실체일 필요는 없다.

02.

기업회계기준서 제1034호 중간재무보고에 관한 내용으로 옳지 않은 것은?

① 중간재무보고서는 최소한 요약재무상태표, 요약포괄손익계산서, 요약자본변동표, 요약현금흐름표, 선별적 주석을 포함하여야 한다.

② 포괄손익계산서는 당해 중간기간과 당해 회계연도 누적기간을 직전 회계연도의 동일기간과 비교하는 형식으로 작성한다.

③ 계절적, 주기적 또는 일시적으로 발생하는 수익은 연차보고기간말에 미리 예측하여 인식하거나 이연하는 것이 적절하지 않은 경우 중간보고기간말에도 미리 예측하여 인식하거나 이연하여서는 아니 된다.

④ 중간기간 중에 회계추정치 변경이 있을 때에는 이전 중간기간의 재무제표를 소급하여 재작성한다.

03.

재고자산에 관한 설명으로 옳지 않은 것은?

① 재고자산은 정상적인 영업활동을 통하여 판매할 목적으로 보유하는 자산이라는 점에서 사용할 목적으로 보유하는 유형자산과는 구별된다.

② 선입선출법, 평균법 등의 평가방법은 실제 물량흐름과 상관없이 일정한 가정을 전제로 정의된 것이다.

③ 재고자산의 취득원가는 매입가격 이외에도 재고자산을 현재의 상태에 이르기까지 소요된 부대비용을 포함하여 인식한다.

④ 기업이 선택한 방법에 의하여 측정한 재고자산의 원가보다 순실현가치가 낮은 경우 저가법을 선택한 경우에 한하여 재고자산평가손실을 계상할 수 있다.

04.

무형자산에 관한 설명으로 옳지 않은 것은?

① 무형자산은 손상의 징후가 있거나 그 자산을 사용하지 않을 때에 상각을 중지한다.

② 무형자산의 인식기준을 충족하지 못해 비용으로 인식한 지출은 그 이후에 무형자산의 원가로 인식할 수 없다.

③ 개별취득 무형자산은 자산에서 발생하는 미래경제적효익의 유입가능성이 높다는 인식기준을 항상 충족한다.

④ 무형자산으로 정의되려면 식별가능성, 자원에 대한 통제와 미래경제적효익의 존재를 충족하여야 한다.

05.

다음 설명 중 옳은 것을 모두 고른 것은?

> ㄱ. 특정 유형자산을 재평가할 때, 해당 자산이 포함되는 유형자산 분류 전체를 재평가한다.
>
> ㄴ. 자가사용부동산을 공정가치로 평가하는 투자부동산으로 대체하는 시점까지 그 부동산을 감가상각하고, 발생한 손상차손을 인식한다.
>
> ㄷ. 무형자산으로 인식되기 위해서는 식별가능성, 자원에 대한 통제 및 미래경제적효익의 존재 중 최소 하나 이상의 조건을 충족하여야 한다.
>
> ㄹ. 무형자산을 창출하기 위한 내부 프로젝트를 연구단계와 개발단계로 구분할 수 없는 경우에는 그 프로젝트에서 발생한 지출은 모두 개발단계에서 발생한 것으로 본다.

① ㄱ, ㄴ
② ㄱ, ㄷ
③ ㄷ, ㄹ
④ ㄱ, ㄴ, ㄷ

06.

유효이자율법을 적용하여 사채발행차금을 상각하는 회계처리와 관련된 설명으로 옳은 것은?

① 할증발행된 경우 차금상각액은 매기 증가한다.
② 할인발행된 경우 이자비용은 매기 감소한다.
③ 사채발행비가 있는 경우 유효이자율은 시장이자율보다 낮다.
④ 할증발행된 경우 사채의 장부가액은 매기 증가한다.

07.

고객과의 계약에서 생기는 수익에 관한 설명으로 옳은 것은?

① 계약의 결과로 기업의 미래 현금흐름의 위험, 시기, 금액이 변동될 것으로 예상되지 않는 경우에도 고객과의 계약으로 회계처리할 수 있다.
② 계약변경은 서면으로, 구두 합의로, 기업의 사업관행에서 암묵적으로 승인될 수 있다.
③ 이전할 재화나 용역의 지급조건을 식별할 수 없는 경우라도 고객과의 계약으로 회계처리할 수 있다.
④ 고객과의 계약에서 식별되는 수행의무는 계약에 분명히 기재한 재화나 용역에만 한정된다.

08.

회계정책, 회계추정치 변경과 오류에 관한 설명으로 옳은 것은?

① 측정기준의 변경은 회계정책의 변경이 아니라 회계추정치 변경에 해당한다.
② 회계추정치 변경효과를 전진적으로 인식하는 것은 그 변경이 발생한 시점 이후부터 거래, 그 밖의 사건 및 상황에 적용하는 것을 말한다.
③ 과거에 발생한 거래와 실질이 다른 거래, 기타 사건 또는 상황에 대하여 다른 회계정책을 적용하는 경우에도 회계정책의 변경에 해당한다.
④ 과거기간의 금액을 수정하는 경우 과거기간에 인식, 측정, 공시된 금액을 추정함에 있어 사후에 인지된 사실을 이용할 수 있다.

09.

원가함수의 추정방법에 대한 설명으로 옳지 않은 것은?

① 계정분석법은 쉽고 빠르게 의사결정을 내릴 수 있다는 장점이 있지만, 분석가의 주관적인 판단에 의존해야 하는 단점도 있다.

② 고저점법은 원가자료 중 두 가지 데이터에만 의존하고, 나머지 자료는 무시하는 방법이다.

③ 산포도법은 추정치와 실제 관측치 간의 차이(잔차)를 구한 다음 이 잔차에 대한 제곱의 모든 합이 최소가 되도록 함수를 추정하는 방법으로, 컴퓨터나 계산기의 도움 없이는 적용하기 힘든 방법이다.

④ 공학적 방법은 물리적인 투입변수와 산출물 간의 관계를 분석하여 원가함수를 추정하는 방법으로, 다양한 제품이나 공정에 응용할 수 있는 방법이지만 동작분석 등에 시간과 비용이 많이 소요된다는 단점이 있다.

10.

다음 중 「국가회계기준에 관한 규칙」에서 정하는 자산·부채의 평가에 관한 설명으로 옳지 않은 것은?

① 현재 세대와 미래 세대를 위하여 정부가 영구히 보존하여야 할 자산으로서 역사적, 자연적, 문화적, 교육적 및 예술적으로 중요한 가치를 갖는 자산은 무형자산으로 인식하되, 상각대상에서 제외할 수 있다.

② 국가회계실체 사이에 발생하는 관리전환은 무상거래일 경우에는 자산의 장부가액을 취득원가로 하고, 유상거래일 경우에는 자산의 공정가액을 취득원가로 한다.

③ 사회기반시설 중 관리·유지 노력에 따라 취득 당시의 용역 잠재력을 그대로 유지할 수 있는 시설에 대해서는 감가상각하지 아니하고 관리·유지에 투입되는 비용으로 감가상각비용을 대체할 수 있다.

④ 사회기반시설에 대한 사용수익권은 해당 자산의 차감항목에 표시한다.

01.

재무정보의 질적 특성에 관한 설명으로 옳지 않은 것을 모두 고른 것은?

ㄱ. 오류가 없다는 것은 현상의 기술에 오류나 누락이 없고, 보고 정보를 생산하는 데 사용되는 절차의 선택과 적용 시 절차 상 완벽하게 정확하다는 것을 의미한다.

ㄴ. 재무정보가 과거 평가에 대해 피드백을 제공한다면 확인가치를 갖는다.

ㄷ. 회계기준위원회는 중요성에 대한 획일적인 계량 임계치를 정하거나 특정한 상황에서 무엇이 중요한 것인지를 미리 결정할 수 있다.

ㄹ. 목적적합하고 충실하게 표현된 정보의 유용성을 보강시키는 질적 특성으로는 비교가능성, 검증가능성, 적시성 및 이해가능성이 있다.

① ㄱ, ㄴ
② ㄱ, ㄷ
③ ㄴ, ㄷ
④ ㄷ, ㄹ

02.

『주식회사의 외부감사에 관한 법률』에 따라 감사를 수행한 감사인이 제시할 수 있는 감사의견에 해당하지 않는 것은?

① 의견거절
② 수정의견
③ 한정의견
④ 적정의견

03.

재무제표 표시에 관한 설명으로 옳은 것은?

① 자산을 유동자산과 비유동자산으로 구분하여 표시하는 경우, 이연법인세자산은 유동자산으로 분류한다.
② 영업주기는 현금회수여부와 상관없이 영업활동을 위한 자산의 취득시점부터 판매시점까지 소요되는 기간이다.
③ 수익과 비용 항목을 당기손익과 기타포괄손익으로 표시하는 보고서에 특별손익 항목도 표시할 수 있다.
④ 주석은 실무적으로 적용 가능한 한 체계적인 방법으로 표시한다.

04.

유형자산에 관한 설명으로 옳지 않은 것은?

① 자산에 내재된 미래경제적효익의 예상 소비형태가 유의적으로 달라졌다면 감가상각방법을 변경하고 회계정책 변경으로 처리한다.
② 유형자산에 내재된 미래경제적효익이 다른 자산의 생산에 사용된다면 감가상각액은 해당 자산 원가의 일부가 된다.
③ 항공기를 감가상각할 경우 동체와 엔진을 별도로 구분하여 감가상각하는 것이 적절할 수 있다.
④ 건설시작 전에 건설용지를 주차장으로 사용함에 따라 획득한 수익은 건설원가에 포함하지 아니한다.

05.

무형자산의 내용연수에 대한 설명으로 옳지 않은 것은?

① 무형자산의 내용연수는 매우 길 수도 있고 경우에 따라서는 비한정일 수도 있다.

② 자산이 순현금유입을 창출할 것으로 기대되는 기간에 대하여 예측가능한 제한이 없을 경우, 무형자산의 내용연수가 비한정인 것으로 본다.

③ 무형자산의 내용연수를 추정하는 시점에 평가된 표준적인 성능수준을 유지하기 위하여 필요한 지출을 초과하는 계획된 미래지출에 근거하여 무형자산의 내용연수가 비한정이라는 결론을 내려서는 안 된다.

④ 무형자산의 내용연수는 경제적 요인과 법적 요인에 의해 결정된 기간 중 긴 기간으로 한다.

06.

충당부채와 우발부채에 관한 설명으로 옳지 않은 것은?

① 충당부채와 관련하여 포괄손익계산서에 인식한 비용은 제삼자의 변제와 관련하여 인식한 금액과 상계하여 표시할 수 있다.

② 어떤 의무를 제삼자와 연대하여 부담하는 경우에 이행하여야 하는 전체 의무 중에서 제삼자가 이행할 것으로 예상되는 정도까지만 우발부채로 처리한다.

③ 충당부채는 과거사건의 결과로 현재의무가 존재하며, 의무 이행에 경제적 효익이 있는 자원의 유출가능성이 높고, 그 금액을 신뢰성 있게 추정할 수 있을 때 인식한다.

④ 예상되는 자산 처분이 충당부채를 생기게 한 사건과 밀접하게 관련된 경우에 예상되는 자산 처분이익은 충당부채를 측정하는 데에 차감한다.

07.

20×1년 초 설립된 ㈜한국은 커피머신 1대를 이전(₩300)하면서 2년간 일정량의 원두를 공급(₩100)하기로 하는 계약을 체결하여 약속을 이행하고 현금 ₩400을 수령하였다. 이 계약이 고객과의 계약에서 생기는 수익의 기준을 모두 충족할 때 수익 인식 5단계 과정에 따라 순서대로 옳게 나열한 것은? (단, 거래가격의 변동요소는 고려하지 않는다.)

ㄱ. 거래가격을 ₩400으로 산정

ㄴ. 고객과의 계약에 해당하는지 식별

ㄷ. 거래가격 ₩400을 커피머신 1대 이전에 대한 수행의무 1(₩300)과 2년간 원두공급에 대한 수행의무 2(₩100)에 배분

ㄹ. 커피머신 1대 이전의 수행의무 1과 2년간 원두 공급의 수행의무 2로 수행의무 식별

ㅁ. 수행의무 1(₩300)은 커피머신이 인도되는 시점에 수익을 인식하며, 수행의무 2(₩100)는 2년간 기간에 걸쳐 수익인식

---

① ㄱ → ㄴ → ㄷ → ㄹ → ㅁ

② ㄴ → ㄱ → ㅁ → ㄷ → ㄹ

③ ㄴ → ㄹ → ㄱ → ㄷ → ㅁ

④ ㅁ → ㄷ → ㄱ → ㄴ → ㄹ

08.

㈜한국의 2008년 12월 31일 현재 유동비율, 당좌비율, 그리고 부채비율은 각각 200%, 100%, 150%이었다. 2009년 1월초에 재고자산 ₩100,000을 외상매입한 경우에 유동비율, 당좌비율, 그리고 부채비율에 나타나는 변화는?

① 유동비율 감소, 당좌비율 감소, 부채비율 불변

② 유동비율 불변, 당좌비율 증가, 부채비율 감소

③ 유동비율 감소, 당좌비율 감소, 부채비율 증가

④ 유동비율 증가, 당좌비율 불변, 부채비율 불변

09.

다음 중 전부원가계산, 변동원가계산 및 초변동원가계산에 대한 설명으로 옳지 않은 것은?

① 전부원가계산의 영업이익은 일반적으로 생산량과 판매량에 의해 영향을 받는다.

② 변동원가계산에서는 원가를 기능에 따라 구분하여 변동원가와 고정원가로 분류한다.

③ 변동원가계산은 전부원가계산보다 손익분기점분석에 더 적합하다.

④ 초변동원가계산에서는 직접재료원가만을 재고가능원가로 본다.

10.

「국가회계기준에 관한 규칙」에 따른 부채의 평가에 대한 내용으로 옳지 않은 것은?

① 국채 및 공채는 국채등 발행수수료 및 발행과 관련하여 직접 발생한 비용을 뺀 발행가액으로 평가한다.

② 퇴직수당충당부채는 재정상태표일 현재 「공무원연금법」 및 「군인연금법」을 적용받지 아니하는 퇴직금 지급대상자가 일시에 퇴직할 경우 지급하여야 할 퇴직금으로 평가한다.

③ 보증충당부채는 보증약정 등에 따른 피보증인인 주채무자의 채무불이행에 따라 국가회계실체가 부담하게 될 추정 순현금유출액의 현재가치로 평가한다.

④ 보험충당부채는 재정상태표일 이전에 보험사고가 발생하였으나 미지급된 보험금 지급예상액과 재정상태표일 현재 보험사고가 발생하지는 않았으나 장래 발생할 보험사고를 대비하여 적립하는 지급예상액을 합산한 금액으로 평가한다.

01.

유용한 재무정보의 질적특성에 대한 설명으로 옳지 않은 것은?

① 재무정보가 유용하기 위해서는 목적적합해야 하고 나타내고자 하는 바를 충실하게 표현해야 한다.

② 재무정보가 비교가능하고, 검증가능하며, 적시성 있고, 이해가능한 경우 그 재무정보의 유용성은 보강된다.

③ 보강적 질적특성은, 정보가 목적적합하지 않거나 나타내고자 하는 바를 충실하게 표현하지 않으면, 개별적으로든 집단적으로든 그 정보를 유용하게 할 수 없다.

④ 하나의 보강적 질적특성이 다른 질적특성의 극대화를 위해 감소되어서는 안 된다.

02.

재무제표 표시에 관한 설명으로 옳은 것은?

① 기업이 재무상태표에 유동자산과 비유동자산, 그리고 유동부채와 비유동부채로 구분하여 표시하는 경우, 이연법인세자산은 유동자산으로 분류한다.

② 한국채택국제회계기준을 준수하여 작성된 재무제표는 국제회계기준을 준수하여 작성된 재무제표임을 주석으로 공시할 수 있다.

③ 환경 요인이 유의적인 산업에 속해 있는 경우나 종업원이 재무제표이용자인 경우 재무제표 이외에 환경보고서나 부가가치보고서도 한국채택국제회계기준을 적용하여 작성한다.

④ 부적절한 회계정책은 이에 대하여 공시나 주석 또는 보충자료를 통해 설명하여 정당화될 수 있다.

03.

재고자산 회계처리에 관한 설명으로 옳지 않은 것은?

① 생산에 투입하기 위해 보유하는 원재료 및 기타 소모품은 제품의 원가가 순실현가능가치를 초과할 것으로 예상되더라도 감액하지 아니한다.

② 생물자산에서 수확한 농림어업 수확물로 구성된 재고자산은 공정가치에서 처분부대원가를 뺀 금액으로 수확시점에 최초 인식한다.

③ 재고자산을 현재의 장소에 현재의 상태로 이르게 하는 데 기여하지 않은 관리간접원가는 재고자산의 취득원가에 포함할 수 없다.

④ 개별법이 적용되지 않는 재고자산의 단위원가는 선입선출법이나 가중평균법을 사용하여 결정한다.

04.

「한국채택국제회계기준」 제1109호 금융상품에 대한 내용으로 옳지 않은 것은?

① 지분증권을 최초 인식시점에 기타포괄손익-공정가치 측정(FVOCI) 금융자산으로 표시하도록 선택하였다면, 이를 다시 당기손익-공정가치 측정(FVPL) 금융자산으로 재분류할 수 없다.

② 금융자산을 관리하는 사업모형을 변경하는 경우에는 영향받는 모든 금융자산을 재분류한다.

③ 금융자산을 상각후원가 측정 범주에서 당기손익-공정가치 측정 범주로 재분류하는 경우에 재분류일의 공정가치로 측정한다.

④ 금융자산을 상각후원가 측정 범주에서 기타포괄손익-공정가치 측정 범주로 재분류하는 경우, 재분류 전 상각후원가와 공정가치의 차이에 따른 손익은 당기손익으로 인식한다.

05.

무형자산의 회계처리에 관한 설명으로 옳은 것을 모두 고른 것은?

> ㄱ. 경영자가 의도하는 방식으로 운용될 수 있으나 아직 사용하지 않고 있는 기간에 발생한 원가는 무형자산의 장부금액에 포함한다.
> ㄴ. 자산을 사용가능한 상태로 만드는 데 직접적으로 발생하는 종업원 급여와 같은 직접 관련되는 원가는 무형자산의 원가에 포함한다.
> ㄷ. 최초에 비용으로 인식한 무형항목에 대한 지출은 그 이후에 무형자산의 원가를 신뢰성 있게 측정할 수 있다면 무형자산으로 인식할 수 있다.
> ㄹ. 새로운 지역에서 또는 새로운 계층의 고객을 대상으로 사업을 수행하는 데서 발생하는 원가 등은 무형자산 원가에 포함하지 않는다.

① ㄱ, ㄷ
② ㄱ, ㄹ
③ ㄴ, ㄷ
④ ㄴ, ㄹ

06.

충당부채, 우발부채 및 우발자산에 관한 설명으로 옳지 않은 것은?

① 충당부채는 부채로 인식하는 반면, 우발부채는 부채로 인식하지 아니한다.
② 충당부채에 대한 최선의 추정치를 구할 때에는 관련된 여러 사건과 상황에 따르는 불가피한 위험과 불확실성을 고려한다.
③ 예상되는 자산 처분이익은 충당부채를 생기게 한 사건과 밀접하게 관련되어 있다고 하더라도 충당부채를 측정함에 있어 고려하지 아니한다.
④ 충당부채는 충당부채의 법인세효과와 그 변동을 고려하여 세후 금액으로 측정한다.

07.

『기업회계기준서 제1115호 고객과의 계약에서 생기는 수익』에 따른 보증에 대한 회계처리로 옳지 않은 것은?

① 고객이 보증을 별도로 구매할 수 있는 선택권이 있다면, 그 보증은 구별되는 용역에 해당하므로 수행의무로 보아 거래가격의 일부를 배분한다.
② 고객에게 보증을 별도로 구매할 수 있는 선택권이 없는 경우, 보증이 제품이 합의된 규격에 부합한다는 확신에 더하여 고객에게 용역을 제공한다면 이 약속한 용역은 수행의무에 해당한다.
③ 기업이 확신 유형의 보증과 용역 유형의 보증을 모두 약속하였으나 이를 합리적으로 구별하여 회계처리할 수 없다면, 두 가지 보증을 함께 단일 수행의무로 회계처리한다.
④ 제품이 손해나 피해를 끼치는 경우에 기업이 보상하도록 요구하는 법률 때문에 생겨나는 의무를 부담하는 경우, 이를 별도의 수행의무로 보아 거래가격의 일부를 배분한다.

08.

지분법을 적용하는 관계기업의 회계처리에 관한 설명으로 옳지 않은 것은?

① 관계기업에 대한 투자를 최초 인식할 때는 공정가치로 측정한다.
② 피투자자의 당기순손익 중 투자자의 몫은 투자자의 당기순손익으로 인식한다.
③ 기타포괄손익으로 인하여 피투자자의 순자산변동이 발생한 경우 그 변동액 중 투자자의 몫은 투자자의 기타포괄손익으로 인식한다.
④ 피투자자에게서 받은 현금배당액은 투자자산의 장부금액을 줄여 준다.

결합원가계산에 관한 설명으로 옳지 않은 것은?

① 물량기준법은 모든 연산품의 물량 단위당 결합원
   가 배부액이 같아진다.
② 분리점판매가치법(상대적 판매가치법)은 분리점
   에서 모든 연산품의 매출총이익률을 같게 만든다.
③ 균등이익률법은 추가가공 후 모든 연산품의 매출
   총이익률을 같게 만든다.
④ 순실현가치법은 추가가공 후 모든 연산품의 매출
   총이익률을 같게 만든다.

10

**「지방자치단체 회계기준에 관한 규칙」에 따르면 재무보고
는 지방자치단체가 공공회계책임을 적절히 이행하였는가
여부를 평가하는 데에 필요한 정보를 제공하여야 한다.
이러한 정보에 해당하지 않는 것은?**

① 재정상태·재정운영성과·현금흐름 및 순자산 변
   동에 관한 정보
② 공공사업의 목적을 능률적, 효과적으로 달성하였
   는 지에 관한 정보
③ 당기의 수입이 당기의 서비스를 제공하기에 충분
   하였는지 또는 미래의 납세자가 과거에 제공된 서
   비스에 대한 부담을 지게 되는지에 대한 기간간 형
   평성에 관한 정보
④ 예산과 그 밖의 관련 법규의 준수에 관한 정보

01.

'개념체계'에서 제시한 유용한 재무정보의 질적 특성에 대한 설명으로 옳지 않은 것은?

① 보강적 질적특성은 만일 어떤 두 가지 방법이 모두 현상에 대하여 동일하게 목적적합한 정보이고 동일하게 충실한 표현을 제공하는 것이라면 이 두 가지 방법 가운데 어느 방법을 그 현상의 서술에 사용해야 할지를 결정하는 데에도 도움을 줄 수 있다.

② 재무정보의 비교가능성은 비슷한 것을 달리 보이게 하여 보강되지 않는 것처럼, 비슷하지 않은 것을 비슷하게 보이게 한다고 해서 보강되지 않는다.

③ 비교가능성은 한 보고기업 내에서 기간 간 또는 같은 기간 동안에 기업 간, 동일한 항목에 대해 동일한 방법을 적용하는 것을 말한다. 일관성은 목표이고 비교가능성은 그 목표를 달성하는 데 도움을 준다.

④ 목적적합한 경제적 현상에 대한 표현충실성은 다른 보고기업의 유사한 목적적합한 경제적 현상에 대한 표현충실성과 어느 정도의 비교가능성을 자연히 가져야 한다.

02.

중간재무제표의 작성과 관련된 기업회계기준서의 설명으로 옳지 않은 것은?

① 현금흐름표는 당해 회계연도 누적기간을 직전 회계연도의 동일기간과 비교하는 형식으로 작성한다.

② 포괄손익계산서는 당해 중간기간과 당해 회계연도 누적기간을 직전 회계연도의 동일기간과 비교하는 형식으로 작성한다.

③ 재무상태표는 당해 중간보고기간말과 직전 연차보고기간말을 비교하는 형식으로 작성한다.

④ 자본변동표는 당해 회계연도 중간기간을 직전 회계연도의 누적기간과 비교하는 형식으로 작성한다.

03.

㈜한국이 총계정원장 상 당좌예금 잔액과 은행측 당좌예금잔액증명서의 불일치원인을 조사한 결과 다음과 같은 사항을 발견하였다. 이때 ㈜한국이 장부에 반영해야 할 항목을 모두 고른 것은?

ㄱ. 매출대금으로 받아 예입한 수표가 부도 처리되었으나, ㈜한국의 장부에 기록되지 않았다.
ㄴ. 대금지급을 위해 발행한 수표 중 일부가 미인출수표로 남아 있다.
ㄷ. 매입채무를 지급하기 위해 발행한 수표 금액이 장부에 잘못 기록되었다.
ㄹ. 받을어음이 추심되어 ㈜한국의 당좌예금 계좌로 입금되었으나, ㈜한국에 아직 통보되지 않았다.

① ㄱ, ㄴ
② ㄴ, ㄷ
③ ㄱ, ㄷ, ㄹ
④ ㄴ, ㄷ, ㄹ

다음 중 유형자산의 재평가모형에 대한 회계처리 내용으로 옳지 않은 것은?

① 최초 인식 후에 공정가치를 신뢰성 있게 측정할 수 있는 유형자산은 재평가일의 공정가치에서 이후의 감가상각누계액과 손상차손누계액을 차감한 재평가금액을 장부금액으로 한다.

② 자산의 장부금액이 재평가로 인하여 감소된 경우에 그 감소액은 당기손익으로 인식한다. 그러나 그 자산에 대한 재평가잉여금의 잔액이 있다면 그 금액을 한도로 재평가감소액을 기타포괄손익으로 인식한다.

③ 재평가는 보고기간말에 자산의 장부금액이 공정가치와 중요하게 차이가 나지 않도록 주기적으로 수행하며, 특정 유형자산을 재평가할 때, 해당 자산이 포함되는 유형자산의 유형 전체를 재평가한다.

④ 어떤 유형자산 항목과 관련하여 자본에 계상된 재평가잉여금은 그 자산이 제거될 때 이익잉여금으로 직접 대체하거나 기업이 그 자산을 사용함에 따라 재평가잉여금의 일부를 당기손익으로 재분류할 수도 있다.

05.

무형자산의 정의에서는 무형자산이 식별가능할 것을 요구한다. 다음 중 식별가능하다고 보는 경우에 해당하지 않는 것은?

① 자산이 분리가능하다.
② 자산이 계약상 권리로부터 발생한다.
③ 자산이 기타 법적 권리로부터 발생한다.
④ 자산을 발생시키는 권리가 이전가능하다.

06.

생물자산의 인식과 측정에 대한 내용으로 옳지 않은 것은?

① 생물자산은 최초 인식시점과 매 보고기간말에 공정가치에서 처분부대원가를 뺀 금액으로 측정하여야 한다.

② 생물자산을 복구(예를 들어, 수확 후 조림지에 나무를 다시 심는 원가)하는 데 소요될 것으로 최초에 추정되는 원가는 최초 인식시점의 원가에 포함한다.

③ 생물자산을 최초 인식시점에 공정가치에서 처분부대원가를 뺀 금액으로 인식하여 발생하는 평가손익과 생물자산의 공정가치에서 처분부대원가를 뺀 금액의 변동으로 발생하는 평가손익은 발생한 기간의 당기손익에 반영한다.

④ 어떠한 경우에도 수확시점의 수확물은 공정가치에서 처분부대원가를 뺀 금액으로 측정한다.

07.

충당부채를 인식할 수 있는 상황을 모두 고른 것은? (단, 금액은 모두 신뢰성 있게 측정할 수 있다.)

> ㄱ. 법률에 따라 항공사의 항공기를 3년에 한 번씩 정밀하게 정비하도록 하고 있는 경우
>
> ㄴ. 새로운 법률에 따라 매연 여과장치를 설치하여야 하는데, 기업은 지금까지 매연 여과장치를 설치하지 않은 경우
>
> ㄷ. 법적규제가 아직 없는 상태에서 기업이 토지를 오염시켰지만, 이에 대한 법률 제정이 거의 확실한 경우
>
> ㄹ. 기업이 토지를 오염시킨 후 법적의무가 없음에도 불구하고 오염된 토지를 정화한다는 방침을 공표하고 준수하는 경우

① ㄱ, ㄴ
② ㄱ, ㄹ
③ ㄴ, ㄷ
④ ㄷ, ㄹ

08.

회계정책, 회계추정치 변경과 오류에 관한 설명으로 옳은
것은?

① 오류수정은 성격상 추가 정보가 알려지는 경우에
변경이 필요할 수도 있는 근사치인 회계추정치 변
경과 구별된다.
② 새로운 회계정책을 과거기간에 적용하는 경우, 과
거기간에 인식된 금액의 추정에 사후에 인지된 사
실을 이용할 수 있다.
③ 거래 및 기타 사건에 대하여 적용할 수 있는 한국
채택국제회계기준이 없는 경우, 경영진은 판단에
따라 회계정책을 적용하여 회계정보를 작성할 수
없다.
④ 과거에 발생한 거래와 실질이 다른 거래, 기타 사
건 또는 상황에 대하여 다른 회계정책을 적용하는
경우에는 회계정책의 변경에 해당한다.

09.

표준원가계산제도를 도입하고 있는 ㈜한국이 제품을 생
산하는 과정에서 원재료를 효율적으로 사용하지 못했을
때 발생할 수 있는 차이로 가장 적절한 것은?

① 직접재료원가 가격차이
② 직접재료원가 능률차이
③ 변동제조간접원가 소비차이
④ 고정제조간접원가 조업도차이

10.

「지방자치단체 회계기준에 관한 규칙」에 따른 자산과 부
채의 평가내용으로 옳지 않은 것은?

① 미수세금은 합리적이고 객관적인 기준에 따라 평
가하여 대손충당금을 설정하고 이를 미수세금 금
액에서 차감하는 형식으로 표시하며, 대손충당금
의 내역은 주석으로 공시한다.
② 사회기반시설 중 유지보수를 통하여 현상이 유지
되는 도로, 도시철도, 하천부속시설 등은 감가상각
대상에서 제외할 수 있으며, 유지보수에 투입되는
비용과 감가상각을 하지 아니한 이유를 주석으로
공시한다.
③ 일반유형자산과 사회기반시설을 취득한 후 재평
가할 때에는 공정가액으로 계상하여야 한다. 다
만, 해당 자산의 공정가액에 대한 합리적인 증거가
없는 경우 등에는 재평가일 기준으로 재생산 또는
재취득하는 경우에 필요한 가격에서 경과연수에
따른 감가상각누계액 및 감액손실누계액을 뺀 가
액으로 재평가하여 계상할 수 있다.
④ 지방채증권은 발행가액으로 평가하되, 발행가액
은 지방채증권 발행수수료 및 발행과 관련하여 직
접 발생한 비용을 뺀 후의 가액으로 한다.

정답 및 해설편

01-20회

01	②	02	③	03	④	04	④	05	④
06	①	07	①	08	②	09	①	10	③

01. ②

①, ② 개념체계는 회계기준이 아니다. 따라서 개념체계의 어떠한 내용도 회계기준이나 회계기준의 요구사항에 우선하지 아니한다.

③ 일반목적재무보고의 목적을 달성하기 위해 회계기준위원회는 개념체계의 관점에서 벗어난 요구사항을 정하는 경우가 있을 수 있다. 만약, 회계기준위원회가 그러한 사항을 정한다면, 해당 기준서의 결론도출근거에 그러한 일탈에 대해 설명할 것이다.

④ 개념체계가 개정되었다고 자동으로 회계기준이 개정되는 것은 아니다.

02. ③ 2022 감정평가사 수정

수익은 자본의 증가를 가져오는 자산의 증가나 부채의 감소로서, 자본청구권 보유자의 출자와 관련된 것은 제외한다. 비용은 자본의 감소를 가져오는 자산의 감소나 부채의 증가로서, 자본청구권 보유자에 대한 분배와 관련된 것은 제외한다.

03. ④ 2014 감정평가사 수정

① 부적절한 회계정책은 이에 대하여 공시나 주석 또는 보충 자료를 통해 설명하더라도 정당화될 수 없다.

② 동일 거래에서 발생하는 수익과 관련비용의 상계표시가 거래나 그 밖의 사건의 실질을 반영한다면 그러한 거래의 결과는 상계하여 표시한다. 예를 들어 투자자산 및 영업용자산을 포함한 비유동자산의 처분손익은 처분대가에서 그 자산의 장부금액과 관련처분비용을 차감하여 표시한다.

③ 사업내용의 유의적인 변화나 재무제표를 검토한 결과 다른 표시나 분류방법이 더 적절한 것이 명백한 경우에도 예외적으로 표시와 분류를 변경할 수 있다.

04. ④ 2012 관세사 수정

성격과 용도 면에서 유사한 재고자산에는 동일한 단위원가 결정방법을 적용하여야 하며, 성격이나 용도 면에서 차이가 있는 재고자산에는 서로 다른 단위원가 결정방법을 적용할 수 있다. 예를 들어, 동일한 재고자산이 동일한 기업 내에서 영업부문에 따라 서로 다른 용도로 사용되는 경우도 있다. 그러나 재고자산의 지역별 위치나 과세방식이 다르다는 이유만으로 동일한 재고자산에 다른 단위원가 결정방법을 적용하는 것이 정당화될 수는 없다.

05. ④

유형자산의 원가가 아닌 예는 다음과 같다.

(1) 새로운 시설을 개설하는 데 소요되는 원가

(2) 새로운 상품과 서비스를 소개하는 데 소요되는 원가(예: 광고 및 판촉활동과 관련된 원가)

(3) 새로운 지역에서 또는 새로운 고객층을 대상으로 영업을 하는 데 소요되는 원가(예: 직원 교육훈련비)

(4) 관리 및 기타 일반간접원가

06. ① 2013 감정평가사 수정

무형자산을 최초로 인식할 때에는 원가로 측정한다.

07. ① 2020 보험계리사

① 차금상각액은 기간이 경과할수록 증가(가속상각)한다.

② 액면이자율보다 시장이자율이 높을 때 할인발행된다.

③ 할인발행의 경우 기간이 경과할수록 사채의 장부금액이 증가하고, 이에 비례하여 이자비용도 증가한다.

④ 할증발행의 경우 현금이자지급액에서 할증발행차금을 차감한 금액이 이자비용이 된다.

08. ②

주식분할의 경우 발행주식수는 증가하지만, 그만큼 액면금액이 감소하여 자본금의 변화는 없다.

09. ①

제품제조원가 중 직접재료원가를 제외한 직접노무원가와 제조간접원가(변동, 고정)의 합이 가공원가가 된다.

10. ③

수익은 국가의 재정활동과 관련하여 재화 또는 용역을 제공한 대가로 발생하거나, 직접적인 반대급부 없이 법령에 따라 납부의무가 발생한 금품의 수납 또는 자발적인 기부금 수령 등에 따라 발생하는 순자산의 증가를 말한다. 따라서 자발적인 기부금 수령 등에 따라 발생하는 순자산의 증가도 수익에 포함한다. 지방자치단체의 경우에는 기부채납 등으로 생긴 순자산의 증가를 수익에 포함하지 아니한다.

| 01 | ④ | 02 | ② | 03 | ③ | 04 | ③ | 05 | ① |
| 06 | ② | 07 | ① | 08 | ② | 09 | ④ | 10 | ② |

01. ④ 2022 관세사 수정

검증가능성은 정보가 나타내고자 하는 경제적 현상을 충실히 표현하는지를 이용자들이 확인하는 데 도움을 준다. 검증가능성은 합리적인 판단력이 있고 독립적인 서로 다른 관찰자가 어떤 서술이 표현충실성에 있어, 비록 반드시 완전히 의견이 일치하지는 않더라도, 합의에 이를 수 있다는 것을 의미한다.

02. ②

재무제표에는 중요하지 않아 구분하여 표시하지 않은 항목이라도 주석에서는 구분 표시해야 할 만큼 충분히 중요할 수 있다.

03. ③ 2010 국가직 9급

회계상 거래가 되기 위해서는 재산의 변화가 있어야 하고 이를 금액으로 확정할 수 있어야 한다. 계약을 체결하거나 약속을 하는 것만으로는 재산의 변화가 없기에 거래가 성립되지 않는다.

04. ③

당기손익-공정가치 측정 금융자산 또는 당기손익-공정가치 측정 금융부채가 아닌 경우에 해당 금융자산의 취득이나 해당 금융부채의 발행과 직접 관련되는 거래원가는 공정가치에 가감한다. 당기손익-공정가치 측정 금융자산(부채)의 취득과 관련되는 거래원가는 당기비용으로 인식한다.

05. ① 2013 관세사 수정

'연구식대'

연구활동의 예는 다음과 같다.

(1) 새로운 지식을 얻고자 하는 활동

(2) 연구결과나 기타 지식을 탐색, 평가, 최종 선택, 응용하는 활동

(3) 재료, 장치, 제품, 공정, 시스템이나 용역에 대한 여러 가지 대체안을 탐색하는 활동

(4) 새롭거나 개선된 재료, 장치, 제품, 공정, 시스템이나 용역에 대한 여러 가지 대체안을 제안, 설계, 평가, 최종 선택하는 활동

06. ② 2014 감정평가사 수정

자가사용부동산(미래에 자가사용하기 위한 부동산, 미래에 개발 후 자가사용할 부동산, 종업원이 사용하고 있는 부동산, 처분 예정인 자가사용부동산을 포함)은 투자부동산에 해당하지 아니한다.

07. ① 2012 감정평가사 수정

충당부채로 인식하기 위해서는 과거사건의 결과로 현재의무(법적의무나 의제의무)가 존재하여야 한다. 현재의무가 있는지 분명하지 않은 경우, 보고기간 말에 현재의무가 존재할 가능성이 존재하지 않을 가능성보다 높고 인식기준을 충족하는 경우에는 충당부채를 인식한다. 보고기간 말에 현재의무가 존재하지 않을 가능성이 높더라도 경제적효익이 있는 자원을 유출할 가능성이 희박하지 않다면 우발부채를 공시한다.

08. ②

②, ③ 영업활동 현금흐름을 보고하는 경우에는 직접법을 사용할 것을 권장한다. 직접법을 적용하여 표시한 현금흐름은 간접법에 의한 현금흐름에서는 파악할 수 없는 정보를 제공하며, 미래현금흐름을 추정하는 데 보다 유용한 정보를 제공한다.

④ 간접법을 적용하는 경우, 영업활동 순현금흐름은 당기순손익에 다음 항목들의 영향을 조정하여 결정한다.

(1) 회계기간 동안 발생한 재고자산과 영업활동에 관련된

채권·채무의 변동

(2) 감가상각비, 충당부채, 이연법인세, 외화환산손익, 미배분 관계기업 이익 및 미배분 비지배지분과 같은 비현금항목

(3) 투자활동 현금흐름이나 재무활동 현금흐름으로 분류되는 기타 모든 항목

대체적인 방법으로, 영업활동 순현금흐름은 포괄손익계산서에 공시된 수익과 비용, 그리고 회계기간 동안 발생한 재고자산과 영업활동에 관련된 채권·채무의 변동을 보여줌으로써 간접법으로 표시할 수 있다.

09. ④ 2011 관세사 수정

내부적인 경영의사결정에 필요한 한계원가 및 공헌이익과 같은 정보를 파악하기 위해서는 변동원가계산이 유용하다.

10. ② 2023 공인회계사 수정

비망계정은 재정상태표의 자산 또는 부채항목으로 표시하지 않는다.

01	④	02	①	03	④	04	②	05	④
06	③	07	④	08	③	09	①	10	②

01. ④ 2023 관세사 수정

목적적합한 재무정보는 이용자들의 의사결정에 차이가 나도록 할 수 있다. 정보는 일부 이용자들이 이를 이용하지 않기로 선택하거나 다른 원천을 통하여 이미 이를 알고 있다고 할지라도 의사결정에 차이가 나도록 할 수 있다. 재무정보에 예측가치, 확인가치 또는 이 둘 모두가 있다면 그 재무정보는 의사결정에 차이가 나도록 할 수 있다.

02. ① 2023 보험계리사

① 일부 한국채택국제회계기준에서는 재무제표(주석 포함)에 포함하도록 요구하는 정보를 명시하고 있다. 한국채택국제회계기준의 요구에 따라 공시되는 정보가 중요하지 않다면 그 공시를 제공할 필요는 없다. 이는 한국채택국제회계기준에 특정 요구사항이 열거되어 있거나 최소한의 요구사항으로 기술되어 있더라도 그러하다.

② 경영진이 기업을 청산하거나 경영활동을 중단할 의도를 가지고 있지 않거나, 청산 또는 경영활동의 중단 외에 다른 현실적 대안이 없는 경우가 아니면 계속기업을 전제로 재무제표를 작성한다.

③ 한국채택국제회계기준에 따라 작성된 재무제표(필요에 따라 추가공시한 경우 포함)는 공정하게 표시된 재무제표로 본다.

④ 기업은 현금흐름 정보를 제외하고는 발생기준 회계를 사용하여 재무제표를 작성한다.

03. ④ 2021 감정평가사 수정

ㄱ. 요구불예금에 사용제한이 있으면 현금및현금성자산으로 분류하지 못한다.

ㄴ. 수입인지와 우표는 소모품에 해당한다.

ㄷ. 취득일로부터 만기일이 3개월 이내인 경우에 현금성자산으로 분류된다.

ㄹ. 지분상품은 현금성자산에서 제외한다.

ㅁ. 자기지분상품은 자산으로 인식하지 않는다.

04. ② 2018 보험계리사

① 재고자산은 취득원가와 순실현가능가치 중 낮은 금액으로 측정한다.

③ 후속 생산단계에 투입하기 전에 보관이 필요한 경우 이외의 보관원가는 취득원가에 포함할 수 없다.

④ 생물자산에서 수확한 농림어업 수확물로 구성된 재고자산은 순공정가치(공정가치에서 처분부대원가를 뺀 금액)로 측정하여 수확시점에 최초로 인식한다.

05. ④

무형자산의 상각은 취득시점이 아닌 '자산을 사용할 수 있는 때'부터 시작한다. 즉 자산이 경영자가 의도하는 방식으로 운영할 수 있는 장소와 상태에 이르렀을 때부터 시작한다.

06. ③

수익의 실현이 거의 확실하다면 관련 자산은 우발자산이 아닌 별도의 자산이 되고, 재무제표에 (우발자산이 아닌) 해당 자산을 인식하게 된다. 따라서 우발자산이라는 계정과목은 재무제표에 인식될 수 없다.

07. ④ 2023 보험계리사

계약에서 가능한 결과치가 두 가지뿐일 경우에는 '가능성이 가장 높은 금액'이 변동대가의 적절한 추정치가 될 수 있다.

08. ③

① 유동성사채(유동부채) 감소하고, 현금(유동자산) 감소하여 유동비율 변동

② 건물(비유동자산) 감소하고, 미수금(유동자산) 증가하
여 유동비율 증가
③ 장기미지급금(비유동부채) 증가하고, 기계장치(비유동
자산) 증가하여 유동비율 영향 없음
④ 상품(유동자산) 감소하고, 비용(감모손실) 인식하여 유
동비율 감소

09. ① 2016 세무사 수정

단계배부법은 보조부문의 배부순서가 달라지면 배부 후의
결과가 달라진다.

10. ②

"재정상태표일"이란 재정상태표의 작성 기준일(기간이 아
닌 시점이다)을 말한다.

| 01 | ④ | 02 | ④ | 03 | ① | 04 | ① | 05 | ③ |
| 06 | ① | 07 | ③ | 08 | ① | 09 | ② | 10 | ② |

01. ④

경제적효익을 창출할 잠재력을 지닌 권리는 다음을 포함하
여 다양한 형태를 갖는다.

(1) 다른 당사자의 의무에 해당하는 권리. 예를 들면 다음과
같다.

㈎ 현금을 수취할 권리

㈏ 재화나 용역을 제공받을 권리

㈐ 유리한 조건으로 다른 당사자와 경제적자원을 교환
할 권리

㈑ 불확실한 특정 미래사건이 발생하면 다른 당사자가
경제적효익을 이전하기로 한 의무로 인해 효익을 얻
을 권리

(2) 다른 당사자의 의무에 해당하지 않는 권리. 예를 들면
다음과 같다.

㈎ 유형자산 또는 재고자산과 같은 물리적 대상에 대한
권리

㈏ 지적재산 사용권

02. ④ 2011 관세사 수정

기업이 재무상태표에 유동자산과 비유동자산, 그리고 유동
부채와 비유동부채로 구분하여 표시하는 경우, 이연법인세
자산(부채)은 유동자산(부채)으로 분류하지 아니한다.

03. ① 2010 관세직 9급

계정에 전기할 때는 분개상 상대계정을 옮겨 적는다. 따라
서 일자별 분개는 다음과 같다.

3월 5일	(차) ?	XXX	(대) 매출	XXX
3월 10일	(차) 현금	XXX	(대) ?	XXX
3월 15일	(차) 매출환입	XXX	(대) ?	XXX
3월 30일	(차) ?	XXX	(대) 대손충당금	XXX

매출이 발생할 때 차변에 기입할 수 있는 것은 현금(현금거

래) 혹은 매출채권(외상거래)이다. 매출환입 즉, 반품이 발생했을 때도 대변에 기입할 수 있는 것은 주어진 보기 중 매출채권만 해당한다. 3월 10일의 분개는 채권을 회수했음을 의미하고, 3월 30일의 분개는 회수불능으로 제거했던 매출채권이 회수가능해짐에 따라 되살리는 분개로 추정해 볼 수 있다.

04. ① 2022 보험계리사

자산의 사용을 포함하는 활동에서 창출되는 수익에 기초한 감가상각방법은 적절하지 않다. 그러한 활동으로 창출되는 수익은 일반적으로 자산의 경제적효익의 소비 외의 요소를 반영한다. 예를 들어, 수익은 그 밖의 투입요소와 과정, 판매활동과 판매 수량 및 가격 변동에 영향을 받는다. 수익의 가격 요소는 자산이 소비되는 방식과 관계가 없는 인플레이션에 영향을 받을 수 있다.

05. ③

무형자산의 정의를 만족하기 위해서는 자산이 갖춰야 할 기본적인 요건(자원에 대한 통제와 미래경제적효익)과 함께 무형자산에 대해 별도로 요구되는 식별가능성을 충족하여야 한다. 이러한 무형자산의 정의를 충족하더라도, 회사의 재무제표에 인식되기 위해서는 별도의 인식요건을 갖춰야 하는 데, 다음 두 가지 조건을 모두 충족하는 경우에만 무형자산을 인식한다.
(1) 자산에서 발생하는 미래경제적효익이 기업에 유입될 가능성이 높다.
(2) 자산의 원가를 신뢰성 있게 측정할 수 있다.
즉, 원가의 신뢰성 있는 측정은 무형자산의 '정의'를 충족하기 위한 조건이 아니라, 정의를 만족한 무형자산을 재무제표에 '인식'하기 위한 조건에 해당한다.

06. ① 2022 보험계리사

'재택급여'는 재분류하지 않는다.

07. ③ 2023 관세사 수정

다음 기준 중 어느 하나를 충족하면, 기업은 재화나 용역에 대한 통제를 기간에 걸쳐 이전하므로, 기간에 걸쳐 수행의무를 이행하는 것이고 기간에 걸쳐 수익을 인식한다.
(1) 고객은 기업이 수행하는 대로 기업의 수행에서 제공하는 효익을 동시에 얻고 소비한다.
(2) 기업이 수행하여 만들어지거나 가치가 높아지는 대로 고객이 통제하는 자산(예: 재공품)을 기업이 만들거나 그 자산 가치를 높인다.
(3) 기업이 수행하여 만든 자산이 기업 자체에는 대체 용도가 없고, 지금까지 수행을 완료한 부분에 대해 집행 가능한 지급청구권이 기업에 있다.

08. ① 2018 관세사 수정

상법에서는 무액면주식을 발행하는 경우에 발행가액의 2분의 1 이상을 따로 자본금으로 정하도록 하고 있다.

09. ②

매몰원가는 이미 과거에 발생해 버린 원가로서 앞으로의 의사결정에 영향을 주지 못하기 때문에 비관련원가에 해당한다.

10. ②

국가의 경우 법 개정으로 부속서류가 삭제되어 더 이상 존재하지 않는다.

01	③	02	③	03	①	04	③	05	②
06	④	07	④	08	③	09	①	10	②

01. ③ 2023 보험계리사

일반목적재무보고서는 보고기업의 가치를 보여주기 위해 고안된 것이 아니다. 그러나 그것은 현재 및 잠재적 투자자, 대여자와 그 밖의 채권자가 보고기업의 가치를 추정하는 데 도움이 되는 정보를 제공한다.

02. ③

기업의 정상영업주기 내에 실현될 것으로 예상하거나, 정상영업주기 내에 판매하거나 소비할 의도가 있다면 유동자산으로 분류한다. 따라서 유동자산은 보고기간 후 12개월 이내에 실현될 것으로 예상되지 않는 경우에도 재고자산과 매출채권과 같이 정상영업주기의 일부로서 판매, 소비 또는 실현되는 자산을 포함한다.

03. ① 2019 보험계리사 수정

제품을 할부로 판매하였다고 하더라도 대금결제와 상관없이 제품의 인도시점에 수익을 전액 인식한다. 따라서 판매자의 재고자산에서 모두 제외한다.

04. ③ 2019 감정평가사 수정

영업활동의 전부 또는 일부를 재배치하는 과정에서 발생하는 원가나 새로운 상품과 서비스를 소개하는 데 소요되는 원가(예: 광고 및 판촉활동과 관련된 원가)는 유형자산의 취득원가에 포함하지 않는다.

05. ②

① 무형자산의 상각액은 일반적으로 당기손익으로 인식한다. 그러나 자산이 갖는 미래경제적효익이 다른 자산의 생산에 소모되는 경우, 그 자산의 상각액은 다른 자산의 원가를 구성하여 장부금액에 포함한다. 예를 들면, 제조과정에서 사용된 무형자산의 상각은 재고자산의 장부금액에 포함한다.

② 예외적으로 내용연수 종료 시점에 제3자가 구입하기로 한 약정이 있거나, 활성시장에서 잔존가치가 결정될 수 있는 경우를 제외하고는 영(0)으로 보는 것이 원칙이다.

③ 자산이 순현금유입을 창출할 것으로 기대되는 기간에 대하여 예측가능한 제한이 없을 경우, 무형자산의 내용연수가 비한정인 것으로 본다.

④ 무형자산의 상각방법은 자산의 경제적효익이 소비될 것으로 예상되는 형태를 반영한 다양한 방법을 사용할 수 있다. 다만, 그 형태를 신뢰성 있게 결정할 수 없는 경우에는 정액법을 사용한다.

06. ④ 2023 감정평가사 수정

① 임대수익이나 시세차익 또는 둘 다를 얻기 위하여 소유자가 보유하거나 리스이용자가 사용권자산으로 보유하고 있는 부동산은 투자부동산에 해당한다.

② 지배기업 또는 다른 종속기업에게 부동산을 리스하는 경우가 있다. 이러한 부동산은 연결재무제표에 투자부동산으로 분류할 수 없다. 경제적 실체 관점에서 당해 부동산은 자가사용부동산이기 때문이다. 그러나 부동산을 소유하고 있는 개별기업 관점에서는 그 부동산이 투자부동산의 정의를 충족한다면 투자부동산이다. 이 경우 리스제공자의 개별재무제표에 당해 자산을 투자부동산으로 분류하여 회계처리한다.

③ 부동산 보유자가 부동산 사용자에게 부수적인 용역을 제공하는 경우가 있다. 전체 계약에서 그러한 용역의 비중이 경미하다면 부동산 보유자는 당해 부동산을 투자부동산으로 분류한다. 예를 들면 사무실 건물의 소유자가 그 건물을 사용하는 리스이용자에게 보안과 관리용역을 제공하는 경우이다. 다른 경우에는, 부동산 사용자에게 제공하는 용역이 유의적인 경우가 있다. 예를 들면 호텔을 소유하고 직접 경영하는 경우, 투숙객에게 제공하는 용역은 전체 계약에서 유의적인 비중을 차지한다. 그러므로 소유자가 직접 경영하는 호텔은 투자부동산이 아니며 자가사용부동산이다.

④ 자가사용부동산(미래에 자가사용하기 위한 부동산, 미

래에 개발 후 자가사용할 부동산, 종업원이 사용하고 있는 부동산, 처분 예정인 자가사용부동산을 포함)은 투자부동산에 해당하지 아니한다.

07. ④ 2015 관세사 수정

우발부채는 처음에 예상하지 못한 상황에 따라 변할 수 있으므로, 경제적효익이 있는 자원의 유출 가능성이 높아졌는지를 판단하기 위하여 우발부채를 지속적으로 평가한다. 과거에 우발부채로 처리하였더라도 미래경제적효익의 유출 가능성이 높아진 경우에는 그러한 가능성의 변화가 생긴 기간의 재무제표에 충당부채로 인식한다(신뢰성 있게 추정할 수 없는 극히 드문 경우는 제외).

08. ③ 2021 보험계리사

① 재화의 판매와 용역 제공에 따른 현금유입(영업활동)
② 단기매매목적으로 보유하는 계약에서 발생하는 현금유입(영업활동)
④ 리스이용자의 리스부채 상환에 따른 현금유출(재무활동)

09. ①

조업도의 변동에 따른 원가행태는 고정원가와 변동원가로 분류된다. 직접원가와 간접원가를 구분하는 기준은 추적가능성이다.

10. ②

구분이 뒤바뀌었다. 국가가 운영활동, 투자활동, 재무활동으로 구분하고, 지방자치단체는 경상활동, 투자활동, 재무활동으로 구분한다.

01	④	02	①	03	①	04	④	05	①
06	①	07	②	08	④	09	②	10	④

01. ④

① 자본을 명목화폐단위로 정의한 재무자본유지개념 하에서 이익은 해당 기간 중 명목화폐자본의 증가액을 의미한다.
② 자본을 불변구매력단위로 정의한 재무자본유지개념 하에서 이익은 해당 기간 중 투자된 구매력의 증가를 의미하게 된다.
③, ④ 자본을 실물생산능력으로 정의한 실물자본유지개념 하에서 이익은 해당 기간 중 실물생산능력의 증가를 의미한다. 기업의 자산과 부채에 영향을 미치는 모든 가격변동은 해당 기업의 실물생산능력에 대한 측정치의 변동으로 간주되어 이익이 아니라 자본의 일부인 자본유지조정으로 처리된다.

02. ① 2015 감정평가사 수정

기타포괄손익은 기능별이 아닌 성격별로 분류한다.

03. ①

재고자산은 취득원가와 순실현가능가치 중 낮은 금액으로 측정한다. 순실현가능가치는 통상적인 영업과정에서 재고자산의 판매를 통해 실현할 것으로 기대하는 순매각금액을 말한다. 공정가치는 측정일에 재고자산의 주된 (또는 가장 유리한) 시장에서 시장참여자 사이에 일어날 수 있는 그 재고자산을 판매하는 정상거래의 가격을 반영한다. 전자는 기업특유가치이지만, 후자는 그러하지 아니하다. 재고자산의 순실현가능가치는 공정가치에서 처분부대원가를 뺀 금액과 일치하지 않을 수도 있다.

04. ④ 2022 보험계리사

특정차입금과 달리 일반차입금에 대한 일시투자수익은 차

입원가에서 차감하지 않는다.

05. ①

최초에 비용으로 인식한 무형항목에 대한 지출은 그 이후에 무형자산의 원가로 인식할 수 없다.

06. ① 2020 관세사

투자부동산은 유형자산과 마찬가지로 최초 인식시점에 원가로 측정하고, 거래원가도 최초 측정치에 포함(취득원가에 포함)한다.

07. ② 2019 관세사 수정

사채발행비가 존재하는 경우, 사채발행비만큼 현금유입액이 감소하는데 이는 결국 상환기간에 걸쳐 이자비용으로 인식하므로 이자비용을 증가시킨다. 이자비용이 증가한다는 것은 그만큼 유효이자율이 증가한다는 것을 의미하므로, 결국 유효이자율이 시장이자율보다 높아진다.

08. ④

②, ③ 회계추정치 변경은 당기손익에만 영향을 미치는 경우와 당기손익과 미래기간의 손익에 모두 영향을 미치는 경우가 있다. 예를 들면, 기대신용손실에 대한 손실충당금의 변경은 당기손익에만 영향을 미치므로 변경의 효과가 당기에 인식된다. 그러나 감가상각자산의 추정내용연수 변경이나 감가상각자산에 내재된 미래경제적효익의 예상소비 형태의 변경은 당기 감가상각비뿐만 아니라 그 자산의 잔존 내용연수에 걸쳐 미래기간의 감가상각비에 영향을 미친다. 위의 두 경우 모두 당기에 미치는 변경의 효과는 당기손익으로 인식하며, 미래기간에 영향을 미치는 변경의 효과는 해당 미래기간의 손익으로 인식한다.

④ 전기오류는 특정기간에 미치는 오류의 영향이나 오류의 누적효과를 실무적으로 결정할 수 없는 경우를 제외하고는 소급재작성에 의하여 수정한다. 따라서, 오류가 발

견된 기간의 당기손익으로 보고하지 않는다.

09. ②

카이젠은 한자어 개선(改善)의 일본식 발음으로 지속적인 개선을 통해 원가를 절감하는 방법이다. 목표원가계산이 생산 이전의 단계에서 원가절감에 집중하는 데 반해, 카이젠원가계산은 제조단계의 원가절감에 중점을 둔 방식이다.

10. ④

국가와 지방자치단체의 회계처리는 다음의 여섯 가지 원칙(중계해충실신)에 따라 이루어져야 한다.

① (신뢰성) 회계처리는 신뢰할 수 있도록 객관적인 자료와 증거에 따라 공정하게 이루어져야 한다.

② (이해가능성) 재무제표의 양식, 과목 및 회계용어는 이해하기 쉽도록 간단명료하게 표시하여야 한다.

③ (충분성) 중요한 회계방침, 회계처리기준, 과목 및 금액에 관하여는 그 내용을 재무제표에 충분히 표시하여야 한다.

④ (계속성) 회계처리에 관한 기준 및 추정은 기간별 비교가 가능하도록 기간마다 계속하여 적용하고 정당한 사유 없이 변경해서는 아니 된다.

⑤ (중요성) 회계처리와 재무제표 작성을 위한 계정과목과 금액은 그 중요성에 따라 실용적인 방법으로 결정하여야 한다.

⑥ (실질우선) 회계처리는 거래 사실과 경제적 실질을 반영할 수 있어야 한다.

01	③	02	①	03	④	04	④	05	①
06	③	07	②	08	③	09	④	10	②

01. ③ 2022 감정평가사 수정

① 자산의 현행원가는 측정일 현재 동등한 자산의 원가로서 측정일에 지급할 대가와 그 날에 발생할 거래원가를 포함한다.

② 자산을 취득하거나 창출할 때의 역사적 원가는 자산의 취득 또는 창출에 발생한 원가의 가치로서, 자산을 취득 또는 창출하기 위하여 지급한 대가와 거래원가를 포함한다.

④ 공정가치는 측정일에 시장참여자 사이의 정상거래에서 (자산을 매도할 때 받거나) 부채를 이전할 때 지급하게 될 가격이다. 이행가치는 기업이 부채를 이행할 때 이전해야 하는 현금이나 그 밖의 경제적자원의 현재가치이다.

02. ① 2021 보험계리사

재분류조정은 재평가잉여금의 변동이나 확정급여제도의 재측정요소에 의해서는 발생하지 않는다. 이러한 구성요소는 기타포괄손익으로 인식하고 후속 기간에 당기손익으로 재분류하지 않는다.

03. ④ 2009 관세직 9급

대변계정과목만 금액을 잘못 기입한 경우에는 차변과 대변의 금액합계가 일치하지 않으므로 오류가 적발된다. 거래를 이중으로 기입하거나, 전체를 누락하거나, 계정과목만 잘못 사용한 경우에는 차변과 대변의 금액합계는 일치하므로 시산표상에서 적발되지 않는다.

04. ④

공정가치로 측정하는 금융자산의 경우 공정가치에 이미 손상차손에 해당하는 신용손실이 반영되어 있다. 따라서, 금융자산의 장부금액을 추가로 감액하지 않는다. 다만,

FVOCI의 경우 손상차손에 해당하는 공정가치 변동이 기타포괄손익에 반영되어 있으므로, 이를 당기손익으로 대체한다. 이를 기준서에서는 다음과 같이 표현하고 있다.

> 기타포괄손익-공정가치 측정 금융자산의 손실충당금을 인식하고 측정하는 데 손상 요구사항을 적용한다. 그러나 해당 손실충당금은 기타포괄손익에서 인식하고 재무상태표에서 금융자산의 장부금액을 줄이지 아니한다.

05. ①

다음 사항을 모두 제시할 수 있는 경우에만 개발활동(또는 내부 프로젝트의 개발단계)에서 발생한 무형자산을 인식한다.

(1) 무형자산을 사용하거나 판매하기 위해 그 자산을 완성할 수 있는 기술적 실현가능성

(2) 무형자산을 완성하여 사용하거나 판매하려는 기업의 의도

(3) 무형자산을 사용하거나 판매할 수 있는 기업의 능력

(4) 무형자산이 미래경제적효익을 창출하는 방법. 그중에서도 특히 무형자산의 산출물이나 무형자산 자체를 거래하는 시장이 존재함을 제시할 수 있거나 또는 무형자산을 내부적으로 사용할 것이라면 그 유용성을 제시할 수 있다.

(5) 무형자산의 개발을 완료하고 그것을 판매하거나 사용하는 데 필요한 기술적, 재정적 자원 등의 입수가능성

(6) 개발과정에서 발생한 무형자산 관련 지출을 신뢰성 있게 측정할 수 있는 기업의 능력

06. ③ 2013 관세사 수정

우발부채는 재무제표에 부채로 인식하지 아니하고, 주석으로 공시한다. 반면에 충당부채는 현재의무이고 이를 이행하기 위하여 경제적효익이 있는 자원을 유출할 가능성이 높고 해당 금액을 신뢰성 있게 추정할 수 있으므로 부채로 인식한다.

07. ②

① 거래가격은 고객에게 약속한 재화나 용역을 이전하고

그 대가로 기업이 받을 권리를 갖게 될 것으로 예상하는 금액이며, 제삼자를 대신해서 회수한 금액은 '제외'한다.

③ 고객이 현금 외의 형태로 대가를 약속한 계약의 경우에 거래가격을 산정하기 위하여 비현금 대가를 공정가치로 측정한다. 비현금 대가의 공정가치를 합리적으로 추정할 수 없는 경우에, 그 대가와 교환하여 고객(또는 고객층)에게 약속한 재화나 용역의 개별 판매가격을 참조하여 간접적으로 그 대가를 측정한다.

④ 고객에게 지급할 대가는 고객이 기업에 이전하는 구별되는 재화나 용역의 대가로 지급하는 것이 아니라면, 그 대가는 거래가격, 즉 수익에서 '차감'하여 회계처리한다.

08. ③ 2016 관세사 수정

주식배당과 무상증자의 경우 자본금이 증가하지만, 주식분할은 자본금이 변하지 않는다.

09. ④ 2023 보험계리사

회귀분석법은 두 변수 사이의 상관관계를 추정하는 통계적 방법으로 눈대중에 의존하는 산포도법이나, 원가자료 중 단 두 가지(고점과 저점) 데이터에만 의존하는 고저점법과 달리 훨씬 정교한 방법이다. 회귀분석은 가상의 함수에서 구하는 추정치와 실제 관측치 간의 차이(잔차)를 구한 다음 이 잔차에 대한 제곱의 모든 합이 최소가 되도록(최소자승법) 함수를 추정한다. 이 때문에 컴퓨터나 계산기의 도움 없이는 적용하기 힘든 방법이다.

10. ②

투자증권을 공정가액으로 평가하는 경우, 장부가액과 공정가액의 차이금액은 재정운영결과가 아닌 순자산조정에 반영한다.

| 01 | ③ | 02 | ④ | 03 | ② | 04 | ② | 05 | ① |
| 06 | ④ | 07 | ① | 08 | ② | 09 | ① | 10 | ② |

01. ③

'개념체계'는 회계기준이 아니다. 따라서 개념체계의 어떠한 내용도 회계기준이나 그 요구사항에 우선하지 아니한다.

02. ④ 2017 관세사 수정

신뢰성 있고 더욱 목적적합한 정보를 제공한다면 자산과 부채의 일부는 유동/비유동 구분법으로, 나머지는 유동성 순서에 따른 표시방법으로 표시하는 것이 허용된다. 이러한 혼합표시방법은 기업이 다양한 사업을 영위하는 경우에 필요할 수 있다.

03. ② 2020 관세사 수정

재고자산을 순실현가능가치로 감액하는 저가법은 항목별로 적용한다. 그러나 경우에 따라서는 서로 비슷하거나 관련된 항목들을 통합하여 적용하는 것이 적절할 수 있다. 이러한 경우로는 재고자산 항목이 비슷한 목적 또는 최종 용도를 갖는 같은 제품군과 관련되고, 같은 지역에서 생산되어 판매되며, 실무적으로 그 제품군에 속하는 다른 항목과 구분하여 평가할 수 없는 경우를 들 수 있다. 그러나 재고자산의 분류(예: 완제품)나 특정 영업부문에 속하는 모든 재고자산에 기초하여 저가법을 적용하는 것은 적절하지 않다.

04. ②

유형자산의 전체원가에 비교하여 해당 원가가 유의적이지 않은 부분도 별도로 분리하여 감가상각할 수 있다.

05. ①

무형자산은 식별가능하지만, 영업권은 개별적으로 식별하여 별도로 인식할 수 없다. 기준서는 다음과 같이 기술하고 있다.

기업회계기준서 제1038호 무형자산 문단 11

11 무형자산의 정의에서는 영업권과 구별하기 위하여 무형자산이 식별가능할 것을 요구한다. 사업결합으로 인식하는 영업권은 사업결합에서 획득하였지만 개별적으로 식별하여 별도로 인식하는 것이 불가능한 그 밖의 자산에서 발생하는 미래경제적효익을 나타내는 자산이다. 그 미래경제적효익은 취득한 식별가능한 자산 사이의 시너지효과나 개별적으로 재무제표 상 인식기준을 충족하지는 않는 자산으로부터 발생할 수 있다.

06. ④ 2013 관세사 수정

자가사용부동산(미래에 자가사용하기 위한 부동산, 미래에 개발 후 자가사용할 부동산, 종업원이 사용하고 있는 부동산, 처분 예정인 자가사용부동산을 포함)은 투자부동산에 해당하지 아니한다.

07. ① 2012 관세사 수정

기업의 미래 행위(미래 사업행위)와 관계없이 존재하는 과거사건에서 생긴 의무만을 충당부채로 인식한다. 예를 들면 불법적인 환경오염으로 인한 범칙금이나 환경정화비용은 기업의 미래 행위에 관계없이 해당 의무의 이행에 경제적효익이 있는 자원의 유출을 불러온다. 이와 마찬가지로 유류보관시설이나 원자력 발전소 때문에 이미 일어난 피해에 대하여 기업은 복구할 의무가 있는 범위에서 유류보관시설이나 원자력 발전소의 사후처리원가와 관련된 충당부채를 인식한다. 반면에 상업적 압력이나 법률 규정 때문에 공장에 특정 정화장치를 설치하는 지출을 계획하고 있거나 그런 지출이 필요한 경우에는 공장 운영방식을 바꾸는 등의 미래 행위로 미래의 지출을 회피할 수 있으므로 미래에 지출을 해야 할 현재의무는 없으며 충당부채도 인식하지 아니한다.

08. ② 2015 보험계리사 수정

회계정책의 변경과 회계추정치 변경을 구분하는 것이 어려운 경우에는 이를 회계추정치 변경으로 본다.

09. ① 2018 감정평가사 수정

본사건물 감가상각비는 판관비에 해당하며, 월정액 공장임차료는 고정제조간접원가로 변동원가계산방법에서는 제품원가에 포함하지 않고 기간비용으로 처리한다.

10. ②

① 신고·납부하는 방식의 국세는 납세의무자가 세액을 자진신고하는 때에 수익으로 인식한다.

③ 원천징수하는 국세는 원천징수의무자가 원천징수한 금액을 신고·납부하는 때에 수익으로 인식한다.

④ 부담금수익, 기부금수익, 무상이전수입, 제재금수익 등은 청구권 등이 확정된 때에 그 확정된 금액을 수익으로 인식한다.

01	③	02	④	03	②	04	③	05	①
06	②	07	③	08	④	09	②	10	①

01. ③

자본은 기업의 자산에서 모든 부채를 차감한 후의 잔여지분이다. 따라서 자산과 부채의 측정에 따라 결정될 뿐, 주식시장의 시가총액과 일치하지 않는다. 주식의 시가총액은 주식시장에서 투자자들 사이에 거래되는 가격으로 주식시장이 열려 있는 시간 동안 쉴 새 없이 변한다.

02. ④ 2017 감정평가사 수정

① 기업은 비용의 성격별 또는 기능별 분류방법 중에서 신뢰성 있고 더욱 목적적합한 정보를 제공할 수 있는 방법을 적용하여 당기손익으로 인식한 비용의 분석내용을 표시한다.

② 유동성 순서에 따른 표시방법을 적용할 경우 모든 자산과 부채는 유동/비유동 구분하지 않고 유동성의 순서에 따라 표시한다.

③ 영업이익에 포함되지 않은 항목 중 기업의 영업성과를 반영하는 그 밖의 수익 또는 비용 항목이 있다면 이러한 항목을 추가하여 조정영업이익 등의 명칭을 사용하여 주석으로 공시할 수 있다.

03. ② 2019 감정평가사 수정

① 금융자산은 상각후원가로 측정하거나 기타포괄손익-공정가치로 측정하는 경우가 아니라면, 당기손익-공정가치로 측정한다. 그러나 당기손익-공정가치로 측정되는 '지분상품에 대한 특정 투자'에 대하여는 후속적인 공정가치 변동을 기타포괄손익으로 표시하도록 최초 인식시점에 선택할 수도 있다. 다만 한 번 선택하면 이를 취소할 수 없다.

③ 금융자산 전체나 일부의 회수를 합리적으로 예상할 수 없는 경우에는 해당 금융자산의 총 장부금액을 직접 줄인다. '금융자산의 총 장부금액'은 손실충당금을 조정하기 전 금융자산의 상각후원가를 의미한다.

④ 손실충당금을 조정하기 위한 기대신용손실액(또는 환입액)은 손상차손(환입)으로 당기손익에 인식한다.

04. ③

경영진이 의도한 방식으로 유형자산을 가동할 수 있는 장소와 상태에 이르게 하는 동안에 재화(예: 자산이 정상적으로 작동되는지를 시험할 때 생산되는 시제품)가 생산될 수 있다. 그러한 재화를 판매하여 얻은 매각금액과 그 재화의 원가는 적용 가능한 기준서에 따라 당기손익으로 인식한다.

05. ① 2019 보험계리사

무형자산의 상각방법은 자산의 경제적효익이 소비될 것으로 예상되는 형태를 반영한 방법으로 다양한 방법을 사용할 수 있다. 다만, 그 형태를 신뢰성 있게 결정할 수 없는 경우에는 정액법을 사용한다.

06. ② 2023 관세사 수정

금융부채가 되기 위해서는 현금 등 금융자산을 인도하는 의무여야 한다. ㄴ.선수수익이나 ㄷ.선수금은 미래에 재화나 용역을 인도하게 되므로 금융부채에 해당하지 않는다.

07. ③ 2024 보험계리사

거래가격의 후속 변동은 계약 개시시점과 같은 기준으로 계약상 수행의무에 배분한다. 따라서 계약을 개시한 후의 개별 판매가격 변동을 반영하기 위해 거래가격을 다시 배분하지는 않는다.

08. ④

투자부동산의 경우 공정가치모형과 원가모형 중 하나를 선택하여 모든 투자부동산에 적용한다. 즉, 유형별(혹은 성격이나 용도별)로 다른 방법을 적용할 수 있는 재고자산, 유

형자산, 무형자산과 달리 투자부동산은 모든 유형의 투자
부동산에 대해 동일한 모형을 적용한다.

09. ② 2022 감정평가사 수정

고정원가에 대한 설명이다. 변동원가는 조업도가 증가함
에 따라 이에 비례하여 증가하는 원가를 말한다.

10. ① 2023 공인회계사 수정

소급적용하는 전기오류수정손익과 회계변경누적효과는
기초순자산 금액에 반영된다. 순자산의 증가사항은 회계
간의 재산 이관, 물품 소관의 전환, 양여·기부 등으로 생긴
자산증가를 말한다.

	합계
Ⅰ. 기초순자산	XXX
1. 보고금액	XXX
2. 전기오류수정손익	XXX
3. 회계변경누적효과	XXX
Ⅱ. 재정운영결과	XXX
Ⅲ. 순자산의 증가	XXX
1. 회계 간의 재산 이관 및 물품 소관의 전환에 따른 자산증가	XXX
2. 양여·기부로 생긴 자산증가	XXX
3. 기타 순자산의 증가	XXX
Ⅳ. 순자산의 감소	XXX
1. 회계 간의 재산 이관 및 물품 소관의 전환에 따른 자산감소	XXX
2. 양여·기부로 생긴 자산감소	XXX
3. 기타 순자산의 감소	XXX
Ⅴ. 기말순자산(Ⅰ-Ⅱ+Ⅲ-Ⅳ)	XXX

01	②	02	④	03	①	04	③	05	②
06	④	07	②	08	①	09	③	10	③

01. ② 2024 감정평가사 수정

부채가 발생하거나 인수할 때의 역사적 원가는 발생시키거
나 인수하면서 수취한 대가에서 거래원가를 '차감'한 가치
이다.

02. ④

부채의 분류는 기업이 보고기간 후 적어도 12개월 이상 부
채의 결제를 연기할 권리의 행사 가능성에 영향을 받지 않
는다. 부채가 비유동부채로 분류되는 기준을 충족한다면,
비록 경영진이 보고기간 후 12개월 이내에 부채의 결제를
의도하거나 예상하더라도, 또는 보고기간말과 재무제표 발
행승인일 사이에 부채를 결제하더라도 비유동부채로 분류
한다.
결국 부채의 분류는 보고기간말 현재의 상황을 따른다. 보
고기간말과 재무제표 발행승인일 사이에 발생한 사건은 보
고기간후사건에 해당하여, 수정을 요하지 않는 사건으로
주석에 공시한다.

03. ① 2010 관세직 9급

거래를 중복하여 기입하더라도 차변과 대변의 금액합계는
일치하므로 발견되지 않는다. 보기 ③의 경우도 총계정원
장의 현금계정 잔액은 차변에 나타나게 된다. 이를 시산표
에 기입하지 않으면 해당금액만큼 차변합계가 부족해서 대
변금액과 일치하지 않아 오류로 발견된다.

04. ③ 2014 보험계리사

경영진이 의도하는 방식으로 자산을 가동하는 데 필요한
장소와 상태에 이르게 하는 데 직접 관련되는 원가의 예는
다음과 같다.
(1) 유형자산의 매입 또는 건설과 직접적으로 관련되어 발

생한 종업원급여

(2) 설치장소 준비 원가

(3) 최초의 운송 및 취급 관련 원가

(4) 설치원가 및 조립원가

(5) 유형자산이 정상적으로 작동되는지 여부를 시험하는 과
정(예: 자산의 기술적, 물리적 성능이 재화나 용역의 생
산이나 제공, 타인에 대한 임대 또는 관리활동에 사용할
수 있는 정도인지를 평가)에서 발생하는 원가

(6) 전문가에게 지급하는 수수료

05. ②

종업원을 교육하고 훈련시킴으로써 그들이 가져올 미래경
제적효익을 증가시킬 수 있고, 그러한 기술 향상을 식별할
수 있으며, 교육훈련에 들어간 원가를 측정하는 것도 가능
하다. 하지만 종업원이 회사를 떠나지 못하도록 통제하고
소유할 수는 없다. 기준서는 이에 대해 다음과 같이 기술하
고 있다.

기업회계기준서 제1038호 무형자산 문단 15

15 기업은 숙련된 종업원으로 구성된 팀을 보유할 수 있고,
교육훈련을 통하여 습득된 미래경제적효익을 가져다 줄 수
있는 종업원의 기술 향상을 식별할 수 있다. 기업은 또한 그
러한 숙련된 기술을 계속하여 이용할 수 있을 것으로 기대
할 수 있다. 그러나 기업은 숙련된 종업원이나 교육훈련으
로부터 발생하는 미래경제적효익에 대해서는 일반적으로
무형자산의 정의를 충족하기에는 충분한 통제를 가지고 있
지 않다.

---

06. ④ 2023 관세사 수정

투자부동산의 측정에 있어서 자산의 분류별로 달리 적용하
지 않고, 모든 투자부동산에 대해 공정가치모형과 원가모
형 중 하나를 선택하여 적용한다.

07. ②

① 미래의 예상 영업손실은 충당부채로 인식하지 아니한다.

② 손실부담계약을 체결하고 있는 경우에는 관련된 현재의
무를 충당부채로 인식하고 측정한다.

③ 상업적 압력이나 법률 규정 때문에 공장에 특정 정화장치
를 설치하는 지출을 계획하고 있거나 그런 지출이 필요한
경우에는 공장 운영방식을 바꾸는 등의 미래 행위로 미래
의 지출을 회피할 수 있으므로 미래에 지출을 해야 할 현
재의무는 없으며 충당부채도 인식하지 아니한다.

④ 제삼자와 연대하여 의무를 지는 경우에는 이행할 전체
의무 중 제삼자가 이행할 것으로 예상되는 부분을 우발
부채로 처리한다.

08. ① 2023 관세사 수정

배당결의일에 미처분이익잉여금이 감소하므로 자본이 감
소한다. 현금이 지급되지 않았지만, 배당결의로 배당금 지
급에 대한 의무가 생겼으므로 미지급배당금이라는 부채를
계상한다.

(차)	미처분이익잉여금 (자본 감소)	XXX	(대)	미지급배당금 (부채 증가)	XXX

09. ③ 2015 세무사 수정

보기 ③은 설비유지활동에 관한 설명이다. 제품유지활동
은 제품의 개발이나 설계처럼 한 종류의 제품을 유지하기
위해 수행되는 활동으로 제품설계나 연구개발활동 등이 여
기에 속한다.

10. ③

유·무형자산은 일반유형자산, 사회기반시설 및 무형자산
으로 구분한다. 사회기반시설이 빠져 있다. 정부회계는 실
제 시험에서 이렇게 단순하고 치사하게 출제되는 경우가
종종 있다.

01	③	02	②	03	③	04	④	05	④
06	③	07	①	08	②	09	④	10	①

01. ③

① 일부의 경우, 공정가치는 활성시장에서 관측되는 가격으로 직접 결정될 수 있다. 예를 들어, 상장주식의 공정가치는 주식시장에서 직접 관측할 수 있다. 하지만 사용가치는 직접 관측될 수 없으며 현금흐름기준 측정기법으로 결정된다.

② 공정가치는 자산을 취득할 때 발생한 거래원가나, 처분에서 발생할 거래원가를 모두 반영하지 않는다. 사용가치는 미래현금흐름에 기초하기 때문에 자산을 취득할 때 발생하는 거래원가는 포함하지 않지만, 자산을 처분할 때 발생할 것으로 기대되는 거래원가의 현재가치를 포함한다.

③ 공정가치가 활성시장에서 관측되는 가격으로 직접 결정되지 않는 경우에는 현금흐름기준 측정기법을 사용하여 간접적으로 결정된다. 사용가치도 동일한 요소를 반영하는 현금흐름기준 측정기법으로 결정되지만 시장참여자의 관점보다는 기업 특유의 관점을 반영한다.

④ 사용가치도 미래현금흐름에 기초하여 결정된다.

02. ② 2012 관세사 수정

수익과 비용의 어느 항목도 당기손익과 기타포괄손익을 표시하는 보고서 또는 주석에 특별손익 항목으로 표시할 수 없다.

03. ③ 2021 관세사 수정

①, ② 재고자산의 취득원가에 포함할 수 없으며 발생기간의 비용으로 인식하여야 하는 원가의 예는 다음과 같다.

　(1) 재료원가, 노무원가 및 기타 제조원가 중 비정상적으로 낭비된 부분

　(2) 후속 생산단계에 투입하기 전에 보관이 필요한 경우 이외의 보관원가

　(3) 재고자산을 현재의 장소에 현재의 상태로 이르게 하는 데 기여하지 않은 관리간접원가

　(4) 판매원가

③ 의도된 용도로 사용(또는 판매) 가능하게 하는 데 상당한 기간을 필요로 하는 자산이라면 재고자산도 적격자산이 될 수 있고, 이 경우 차입원가가 재고자산의 취득원가에 포함된다.

④ 재고자산의 매입원가에는 수입관세와 제세금을 가산하지만, 과세당국으로부터 추후 환급받을 수 있는 금액은 제외한다.

04. ④

유형자산의 재평가는 매년 이루어질 수도 있지만, 매 3년이나 5년마다 재평가하는 것도 가능하다. 따라서, 재평가모형을 선택한 경우 장부금액은 1차적으로 재평가일의 공정가치에서 이후의 감가상각누계액을 차감한 금액이 된다. 그런 다음 자산손상 징후가 있는지 검토하여, 그러한 징후가 있다면 손상검사를 수행한다. 만약 회수가능액이 장부금액보다 낮은 경우에는 장부금액을 감액하고 손상차손을 인식한다. 따라서, 최종적인 장부금액은 '재평가일의 공정가치에서 이후의 감가상각누계액과 손상차손누계액을 차감한 재평가금액'이 된다.

05. ④ 2015 보험계리사

다음 항목은 내부적으로 창출한 무형자산의 원가에 포함하지 아니한다.

(1) 판매비, 관리비 및 기타 일반경비 지출. 다만, 자산을 의도한 용도로 사용할 수 있도록 준비하는 데 직접 관련된 경우는 제외한다.

(2) 자산이 계획된 성과를 달성하기 전에 발생한 명백한 비효율로 인한 손실과 초기 영업손실

(3) 자산을 운용하는 직원의 교육훈련과 관련된 지출

06. ③ 2018 관세사 수정

우발부채는 처음에 예상하지 못한 상황에 따라 변할 수 있

으로, 경제적 효익이 있는 자원의 유출 가능성이 높아졌
는지를 판단하기 위하여 우발부채를 지속적으로 평가한
다. 과거에 우발부채로 처리하였더라도 미래경제적효익의
유출 가능성이 높아진 경우에는 그러한 가능성의 변화가
생긴 기간의 재무제표에 충당부채로 인식한다(신뢰성 있
게 추정할 수 없는 극히 드문 경우는 제외).

07. ① 2023 보험계리사

기업이 자산을 다시 사야 하는 의무나 다시 살 수 있는 권
리(선도나 콜옵션)가 있다면, 고객은 자산을 통제하지 못
한다. 고객이 자산을 물리적으로 점유할 수 있더라도, 자산
의 사용을 지시하고 자산의 나머지 효익의 대부분을 획득
할 수 있는 고객의 능력이 제한되기 때문이다.

08. ②

미수수익이나 미지급비용은 당기에 현금 유출입이 없었지
만, 차기 이후에 현금이 증가(미수수익을 받게 됨)하거나
현금이 감소(미지급비용을 지급하게 됨)하게 된다.

09. ④

평균법과 선입선출법의 완성품환산량 차이는 전기에 작업
한 기초재공품의 완성도에서 비롯된다. 만약 기초재공품
이 없다면 완성품환산량의 차이가 없어 결과가 같아진다.

10. ① 2024 공인회계사 수정

세입·세출 '예산'이 아닌 세입·세출 '결산'으로 구성되며,
성과보고서도 포함한다.

말문제 하프 모의고사 12회 정답

01	③	02	①	03	③	04	①	05	③
06	②	07	①	08	④	09	④	10	②

01. ③ 2022 보험계리사

기업은 기업 스스로부터 경제적효익을 획득하는 권리를 가
질 수는 없다. 따라서,

(1) 기업이 발행한 후 재매입하여 보유하고 있는 채무상품
이나 지분상품(예: 자기주식)은 기업의 경제적자원이
아니다.

(2) 만약 보고기업이 둘 이상의 법적 실체를 포함하는 경우,
그 법적 실체들 중 하나가 발행하고 다른 하나가 보유하
고 있는 채무상품이나 지분상품은 그 보고기업의 경제
적자원이 아니다.

02. ① 2013 감정평가사 수정

② 비용을 기능별로 분류하는 기업은 감가상각비, 기타 상
각비와 종업원급여비용을 포함하여 비용의 성격에 대
한 추가 정보를 공시한다.

③ 재분류조정은 당기나 과거 기간에 기타포괄손익으로 인
식되었으나 당기손익으로 재분류된 금액을 의미한다.

④ 기타포괄손익의 항목은 (1) 관련 법인세 효과를 차감한
순액으로 표시하거나 (2) 기타포괄손익의 항목과 관련
된 법인세 효과 반영 전 금액으로 표시하고, 각 항목들
에 관련된 법인세 효과는 단일 금액으로 합산하여 표시
할 수 있다.

03. ③

금융자산의 정형화된 매입 또는 매도는 매매일 회계처리방
법 또는 결제일 회계처리방법 중 하나를 사용하여 인식한
다. 사용한 방법은 같은 방식으로 분류한 금융자산의 매입
이나 매도 모두에 일관성 있게 같은 방법을 사용하여 적용
한다.

04. ① 2012 감정평가사 수정

유형자산이 경영진이 의도하는 방식으로 가동될 수 있는 장소와 상태에 이른 후에는 원가를 더 이상 인식하지 않는다. 따라서 유형자산을 사용하거나 이전하는 과정에서 발생하는 원가는 당해 유형자산의 장부금액에 포함하여 인식하지 아니한다. 예를 들어 다음과 같은 원가는 유형자산의 장부금액에 포함하지 아니한다.

(1) 유형자산이 경영진이 의도하는 방식으로 가동될 수 있으나 아직 실제로 사용되지는 않고 있는 경우 또는 가동수준이 완전조업도 수준에 미치지 못하는 경우에 발생하는 원가

(2) 유형자산과 관련된 산출물에 대한 수요가 형성되는 과정에서 발생하는 가동손실과 같은 초기 가동손실

(3) 기업의 영업 전부 또는 일부를 재배치하거나 재편성하는 과정에서 발생하는 원가

05. ③

재평가한 무형자산의 공정가치를 더 이상 활성시장을 기초로 하여 측정할 수 없는 경우에는 자산의 장부금액은 활성시장을 기초로 한 최종 재평가일의 재평가금액에서 이후의 상각누계액과 손상차손누계액을 차감한 금액으로 한다.

06. ②

ㄱ. 소유 투자부동산은 최초 인식시점에 원가로 측정한다. 거래원가는 최초 측정치에 포함한다.

ㄴ. 구입한 투자부동산의 원가는 구입금액과 구입에 직접 관련이 있는 지출로 구성된다. 직접 관련이 있는 지출의 예를 들면 법률용역의 대가로 전문가에게 지급하는 수수료, 부동산 구입과 관련된 세금 및 그 밖의 거래원가 등이 있다.

ㄷ. 다음의 항목은 투자부동산의 원가에 포함하지 아니한다.

(1) 경영진이 의도하는 방식으로 부동산을 운영하는 데 필요한 상태에 이르게 하는 데 직접 관련이 없는 초기원가

(2) 계획된 사용수준에 도달하기 전에 발생하는 부동산의 운영손실

(3) 건설이나 개발 과정에서 발생한 비정상인 원재료, 인력 및 기타 자원의 낭비 금액

ㄹ. 투자부동산을 후불조건으로 취득하는 경우의 원가는 취득시점의 현금가격상당액으로 한다. 현금가격상당액과 실제 총지급액의 차액은 신용기간 동안의 이자비용으로 인식한다.

07. ① 2021 관세사 수정

미래의 예상 영업손실은 충당부채로 인식하지 아니한다. 기업은 미래의 손실을 부담할 현재의무가 없으므로(극단적으로는 영업을 중단하는 선택을 하면 된다), 이는 부채가 아니다.

08. ④

생물자산은 최초 인식시점과 매 보고기간말에 공정가치에서 처분부대원가를 뺀 금액인 순공정가치로 측정하여야 한다.

09. ④ 2018 보험계리사

실제개별원가계산에서는 실제배부율을 사용한다. 예정배부율을 이용해 배부하는 것은 정상개별원가계산이다.

10. ② 2020 공인회계사 수정

비화폐성 외화자산과 비화폐성 외화부채에서 발생한 손익을 순자산조정에 반영하는 경우에는 그 손익에 포함된 환율변동효과도 함께 반영하고, 재정운영결과에 반영하는 경우에는 그 손익에 포함된 환율변동효과도 해당 재정운영결과에 반영한다.

01	③	02	②	03	②	04	④	05	④
06	①	07	②	08	①	09	④	10	②

01. ③

재무제표는 기업의 현재 및 잠재적 투자자, 대여자와 그 밖의 채권자 중 특정 집단의 관점이 아닌 보고기업 전체의 관점에서 거래 및 그 밖의 사건에 대한 정보를 제공한다.

02. ② 2023 보험계리사

'재택급여'는 재분류하지 않는다.

03. ②

확정판매계약 또는 용역계약을 이행하기 위하여 보유하는 재고자산의 순실현가능가치는 계약가격에 기초한다. 만일 보유하고 있는 재고자산의 수량이 확정판매계약의 이행에 필요한 수량을 초과하는 경우에는 그 초과 수량의 순실현가능가치는 일반 판매가격에 기초한다.

04. ④ 2014 감정평가사 수정

① 재평가는 매 보고기간말에 수행할 필요는 없으며, 공정가치의 변동이 경미하여 매 3년이나 5년마다 재평가하는 것으로 충분한 유형자산도 있다.
② 특정 유형자산을 재평가할 때, 해당 자산이 포함되는 유형자산의 유형 전체를 재평가한다.
③ 자산의 장부금액이 재평가로 인하여 증가된 경우에 그 증가액은 기타포괄손익으로 인식하고 재평가잉여금의 과목으로 자본에 가산한다. 그러나 동일한 자산에 대하여 이전에 당기손익으로 인식한 재평가감소액이 있다면 그 금액을 한도로 재평가증가액만큼 당기손익으로 인식한다.

05. ④ 2022 감정평가사 수정

내용연수가 비한정적인 무형자산은 매년 그리고 무형자산의 손상을 시사하는 징후가 있을 때 손상검사를 수행한다. 따라서 손상징후가 없더라도 1년에 한 번씩은 손상검사를 수행한다.

06. ① 2022 보험계리사

부채로 인식하기 위해서는 현재의무가 존재하여야 할 뿐만 아니라 해당 의무를 이행하기 위하여 경제적 효익이 있는 자원의 유출 가능성이 높아야 한다.

07. ② 2022 감정평가사 수정

고객이 재화나 용역의 대가를 선급하였고 그 재화나 용역의 이전 시점이 고객의 재량에 따라 결정된다면 유의적인 금융요소가 없을 것이므로 (화폐의 시간가치가 미치는 영향을 반영하여) 대가를 조정하지 않는다.

08. ①

항목	주식분할	주식배당
유통주식수	증가	증가
이익잉여금	변동 없음	감소
총자본	변동 없음	변동 없음
주당액면가액	감소	변동 없음

09. ④ 2020 관세사 수정

투자수익률(ROI)은 투자규모가 다른 투자안간의 성과평가가 용이하다는 장점(②)이 있지만, 준최적화 현상이 발생할 수 있다는 한계(①)도 가지고 있다. 이에 대한 대안이 될 수 있는 잔여이익법은 투자수익률과 다른 결과를 채택함으로써(③) 순최적화 문제를 해결할 수 있는 내안(①)이지만, 투자규모의 차이에 따른 효율성을 무시한다는 단점(②)도 존재한다.

10. ②

운영활동의 경우에는 현금의 유입은 원천별로, 현금의 유출은 용도별로 각각 분류하는 '직접법'으로 작성하는 것을 원칙으로 한다.

01	④	02	④	03	①	04	④	05	①
06	④	07	①	08	②	09	④	10	①

01. ④ 2023 감정평가사 수정

개념체계는 회계기준위원회가 관련 업무를 통해 축적한 경험을 토대로 수시로 개정될 수 있다. 개념체계가 개정되었다고 자동으로 회계기준이 개정되는 것은 아니다.

02. ④ 2023 보험계리사

비용의 성격에 대한 정보가 미래현금흐름을 예측하는 데 유용하기 때문에, 비용을 기능별로 분류하는 경우에는 추가 공시가 필요하다.

03. ① 2010 국가직 9급

계약금(현금)을 받았을 때 수익으로 인식하는 것은 현금주의에 따른 회계처리이다.

04. ④

① 유형자산의 공정가치가 장부금액을 초과하더라도 잔존가치가 장부금액을 초과하지 않는 한 감가상각액을 계속 인식한다.

②, ③ 유형자산이 운휴 중이거나 적극적인 사용상태가 아니어도, 감가상각이 완전히 이루어지기 전까지는 감가상각을 중단하지 않는다.

④ 유형자산의 잔존가치는 해당 자산의 장부금액과 같거나 큰 금액으로 증가할 수도 있다. 이 경우에는 자산의 잔존가치가 장부금액보다 작은 금액으로 감소될 때까지는 유형자산의 감가상각액은 영(0)이 된다.

05. ① 2017 관세사 수정

무형자산 원가에 포함하지 않는 지출의 예는 다음과 같다.

(1) 새로운 제품이나 용역의 홍보원가(광고와 판매촉진활

동 원가를 포함한다)

(2) 새로운 지역에서 또는 새로운 계층의 고객을 대상으로 사업을 수행하는 데서 발생하는 원가(교육훈련비를 포함한다)

(3) 관리원가와 기타 일반경비원가

06. ④

순실현가능가치는 기업특유가치이지만, 공정가치는 시장에서 시장참여자 사이에 일어날 수 있는 정상거래의 가격을 반영한다. 기업특유가치인 순실현가능가치는 기업이 체결한 계약에 따라 달라지지만, 시장에서 결정되는 공정가치는 기업이 체결한 계약에 따라 달라지지 않는다. 따라서, 수확물에 대해 별도의 계약을 체결하였더라도 공정가치에는 영향을 주지 않는다. 기준서는 이를 다음과 같이 기술하고 있다.

기업회계기준서 제1041호 농림어업 문단 16
16 생물자산이나 수확물을 미래 일정시점에 판매하는 계약을 체결할 수 있다. 공정가치는 시장에 참여하는 구매자와 판매자가 거래하게 될 현행시장의 상황을 반영하기 때문에 계약가격이 공정가치의 측정에 반드시 목적적합한 것은 아니다. 따라서 계약이 존재한다고 하여 생물자산이나 수확물의 공정가치를 조정해야 하는 것은 아니다. 생물자산이나 수확물의 판매계약이 손실부담계약에 해당할 수 있다. 손실부담계약에 대해서는 기업회계기준서 제1037호 '충당부채, 우발부채, 우발자산'을 적용한다.

07. ①

기존 차입자와 대여자가 실질적으로 다른 조건으로 채무상품을 교환한 경우에 최초의 금융부채를 제거하고 새로운 금융부채를 인식한다.

08. ②

종속기업과 기타 사업에 대한 지배력의 획득 또는 상실에 따른 총현금흐름은 별도로 표시하고 투자활동으로 분류한다.

09. ④

생산직의 급여는 직접노무원가, 타이어는 직접재료원가, 판매관리직의 인건비는 비제조원가로 판매비와 관리비에 해당한다. 간접재료원가나 간접노무원가는 제조간접원가에 해당한다.

10. ①

비배분수익이나 비교환수익은 분야별 재정운영표에 표시하는 항목이다. 성질별 재정운영표는 수익과 비용을 다음과 같이 구분하여 표시한다.

1. 수익: 국세수익, 이전수익 및 국가운영수익으로 구분하여 표시
2. 비용: 이전비용 및 국가운영비용으로 구분하여 표시
3. 재정운영결과: 2의 비용에서 1의 수익을 뺀 금액을 표시

01	③	02	①	03	①	04	①	05	①
06	④	07	②	08	④	09	④	10	③

01. ③

각 주요이용자의 정보수요 및 욕구는 다르고 상충되기도 한다. 회계기준위원회는 회계기준을 제정할 때 최대 다수의 주요이용자 수요를 충족하는 정보를 제공하기 위해 노력할 것이다. 그러나 공통된 정보수요에 초점을 맞춘다고 해서 보고기업으로 하여금 주요이용자의 특정 일부집단에게 가장 유용한 추가 정보를 포함하지 못하게 하는 것은 아니다.

02. ① 2023 감정평가사 수정

한국채택국제회계기준이 달리 허용하거나 요구하는 경우를 제외하고는 당기 재무제표에 보고되는 모든 금액에 대해 전기 비교정보를 표시한다. 당기 재무제표를 이해하는 데 목적적합하다면 서술형 정보의 경우에도 비교정보를 포함한다.

03. ① 2016 보험계리사

② 저가법은 항목별로 적용하는 것이 원칙이며, 총계기준은 허용하지 않는다.

③ 후입선출법은 허용하지 않는다.

④ 기타 원가는 재고자산을 현재의 장소에 현재의 상태로 이르게 하는 데 발생한 범위내에서만 취득원가에 포함된다. 예를 들어 특정한 고객을 위한 비제조 간접원가 또는 제품 디자인원가를 재고자산의 원가에 포함하는 것이 적절할 수도 있다.

04. ① 2015 관세사 수정

회수가능액은 자산의 처분부대원가를 뺀 공정가치(순공정가치)와 자산의 사용가치 중 더 많은 금액이다.

05. ① 2023 보험계리사

컴퓨터로 제어되는 기계장치가 특정 컴퓨터소프트웨어가 없으면 가동이 불가능한 경우에는 그 소프트웨어를 관련된 하드웨어의 일부로 보아 유형자산으로 회계처리한다.

06. ④

예상되는 자산 처분이익은 충당부채를 측정하는 데 고려하지 아니한다. 예상되는 자산 처분이 충당부채를 생기게 한 사건과 밀접하게 관련되었더라도 예상되는 자산 처분이익은 충당부채를 측정하는 데 고려하지 아니한다. 예상되는 자산 처분이익은 해당 자산과 관련된 회계처리를 다루는 한국채택국제회계기준서에서 규정하는 시점에 인식한다.

07. ②

거래가격은 상대적 개별 판매가격을 기준으로 계약에서 식별된 각 수행의무에 배분한다. 개별 판매가격은 기업이 고객에게 약속한 재화나 용역을 별도로 판매할 경우의 가격이다. 재화나 용역의 계약상 표시가격이나 정가는 그 재화나 용역의 개별 판매가격일 수 있지만, 개별 판매가격으로 간주되어서는 안 된다. 개별 판매가격을 직접 관측할 수 없다면 적절한 방법(시장평가 조정 접근법, 예상원가 이윤 가산 접근법, 잔여접근법 등)을 통해 개별 판매가격을 추정한다.

08. ④ 2011 관세사 수정

이연법인세 자산과 부채는 할인하지 아니한다. 이연법인세 자산과 부채를 신뢰성 있게 현재가치로 할인하기 위해서는 각 일시적차이의 소멸시점을 상세히 추정하여야 한다. 많은 경우 소멸시점을 실무적으로 추정할 수 없거나 추정이 매우 복잡하다. 따라서 이연법인세 자산과 부채를 할인하도록 하는 것은 적절하지 않다. 또한 할인을 강요하지 않지만 허용한다면 기업 간 이연법인세 자산과 부채의 비교가능성이 저해될 것이다. 따라서 기준서에서는 이연법인세자산과 부채를 할인하지 않도록 하였다.

09. ④ 2012 관세사 수정

감가상각비(제조간접원가)를 기간비용(판매관리비)으로 처리하면 제조간접원가가 과소계상되고, 판매관리비가 과대계상된다. 제조간접원가가 과소계상되면 당기총제조원가가 과소계상되고, 당기제품제조원가와 기말재공품도 과소계상된다. 당기제품제조원가가 과소계상되면 매출원가와 기말재고도 과소계상된다. 매출원가가 과소계상되면 매출총이익은 과대계상된다.

10. ③

① 투자증권은 매입가액에 부대비용을 더하고 종목별로 '총평균법' 등을 적용하여 산정한 가액을 취득원가로 한다.
② 재고자산은 제조원가 또는 매입가액에 부대비용을 더한 금액을 취득원가로 하고 품목별로 '선입선출법'을 적용하여 평가한다.
④ 무형자산은 정액법에 따라 해당 자산을 사용할 수 있는 시점부터 합리적인 기간 동안 상각한다. 이 경우 상각기간은 독점적·배타적인 권리를 부여하고 있는 관계 법령이나 계약에서 정한 경우를 제외하고는 '20년'을 초과할 수 없다.

01	①	02	④	03	④	04	②	05	④
06	①	07	④	08	①	09	①	10	④

01. ① 2023 관세사

공정가치는 측정일에 시장참여자 사이의 정상거래에서 자산을 매도할 때 받거나 부채를 이전할 때 지급하게 될 가격이다. 공정가치는 기업이 접근할 수 있는 시장의 참여자 관점을 반영한다. 시장참여자가 경제적으로 최선의 행동을 한다면 자산이나 부채의 가격을 결정할 때 사용할 가정과 동일한 가정을 사용하여 그 자산이나 부채를 측정한다.

02. ④

재무제표에는 최소한의 비교정보가 포함되어야 한다. 따라서 최소한, 한 개가 아닌 두 개의 재무상태표와 두 개의 포괄손익계산서, 두 개의 별개 손익계산서(표시하는 경우), 두 개의 현금흐름표, 두 개의 자본변동표 그리고 관련 주석을 표시해야 한다.

03. ④ 2022 관세사 수정

자기지분상품은 자산으로 인식하지 않는다.

04. ② 2014 관세사 수정

① 새로운 상품과 서비스를 소개하는 데 소요되는 원가는 취득원가에 포함하지 않는다.
③, ④ 전문가에게 지급하는 수수료, 유형자산의 매입 또는 건설과 직접적으로 관련되어 발생한 종업원급여는 경영진이 의도하는 방식으로 자산을 가동하는 데 필요한 장소와 상태에 이르게 하는 데 직접 관련되는 원가로 취득원가에 포함한다.

05. ④ 2023 관세사 수정

무형자산의 상각방법은 자산의 경제적효익이 소비될 것으

로 예상되는 형태를 반영한 방법이어야 한다. 다만, 그 형태를 신뢰성 있게 결정할 수 없는 경우에는 정액법을 사용한다.

06. ① 2011 관세사 수정

토지를 자가사용할지, 통상적인 영업과정에서 단기간에 판매할지를 결정하지 못한 경우에 해당 토지는 시세차익을 얻기 위하여 보유한다고 본다. 따라서, 장래 용도를 결정하지 못한 채로 보유하고 있는 토지는 투자부동산으로 회계처리한다.

07. ④

① 충당부채를 인식하는 경우 충당부채의 유형별로 기초와 기말 장부금액, 당기에 추가되거나, 사용 혹은 환입된 금액, 충당부채의 특성과 경제적효익의 유출이 예상되는 시기, 불확실성 정도 등을 공시한다.

④ 극히 드물기는 하지만 금액을 신뢰성 있게 측정할 수 없어 부채로 인식할 수 없는 경우에도 우발부채는 생기고 그 우발부채에 대한 공시를 해야 한다.

08. ①

① 부채(전환사채)가 자본(주식)으로 바뀌게 되므로 자본이 증가한다.

② 이익잉여금 구성항목이 바뀔 뿐 자본총액은 변하지 않는다.

③ 자본잉여금이 자본금으로 바뀔 뿐 자본총액은 변하지 않는다.

④ 자본의 감소에 해당한다.

09. ①

재공품			제품		
기초	A	제품제조	기초	B	매출원가
총제조		기말 A+x	제품제조	기말	B

제품 T계정에서 좌변과 우변의 합계가 같아야 하므로,

기초제품 + 당기제품제조원가 = 매출원가 + 기말제품
이때, 기초제품과 기말제품이 동일하다고 하였으므로
'당기제품제조원가 = 매출원가'가 성립한다.
재공품 T계정도 마찬가지로 좌변과 우변의 합계가 같아야 하므로,
기초재공품 + 당기총제조원가 = 당기제품제조원가 + 기말재공품
이때, 기말재공품이 기초재공품보다 더 크다고 했으므로,
기초재공품을 A, 기말재공품을 A+x라 가정하면
A + 당기총제조원가 = 당기제품제조원가 + A + x
'당기총제조원가 = 당기제품제조원가 + x'가 되어 당기총제조원가는 당기제품제조원가(=매출원가)보다 크게 된다.

10. ④ 2024 공인회계사 수정

회계 간의 재산 이관, 물품 소관의 전환 등으로 생긴 순자산의 감소는 지방자치단체의 비용에 포함하지 아니한다.

01	③	02	④	03	④	04	①	05	①
06	①	07	②	08	②	09	③	10	①

01. ③

비교가능성은 이용자들이 항목 간의 유사점과 차이점을 식별하고 이해할 수 있게 하는 질적특성이다. 다른 질적특성과 달리 비교가능성은 단 하나의 항목에 관련된 것이 아니다. 비교하려면 최소한 두 항목이 필요하다.

02. ④ 2008 국가직 7급 수정

회계추정의 변경은 전진법으로 회계처리하고 소급하여 재작성하지 않는다.

03. ④ 2023 관세사 수정

재고자산은 취득원가와 순실현가능가치 중 낮은 금액으로 측정한다. 즉, 저가법은 선택사항이 아닌 강제사항이다.

04. ① 2023 감정평가사 수정

내용연수가 유한한 무형자산은 자산의 손상 징후가 있다고 하여 상각을 중지하지 않으며, 그 자산을 더 이상 사용하지 않을 때도 상각을 중지하지 아니한다. 다만, 완전히 상각하거나 매각예정으로 분류되는(또는 매각예정으로 분류되는 처분자산집단에 포함되는) 경우에는 상각을 중지한다.

05. ① 2018 감정평가사 수정

ㄷ. 무형자산으로 인식되기 위해서는 식별가능성, 자원에 대한 통제 및 미래경제적효익의 존재라는 세 가지 조건 모두를 충족하여야 한다.

ㄹ. 무형자산을 창출하기 위한 내부 프로젝트를 연구단계와 개발단계로 구분할 수 없는 경우에는 그 프로젝트에서 발생한 지출은 모두 연구단계에서 발생한 것으로 본다.

06. ①

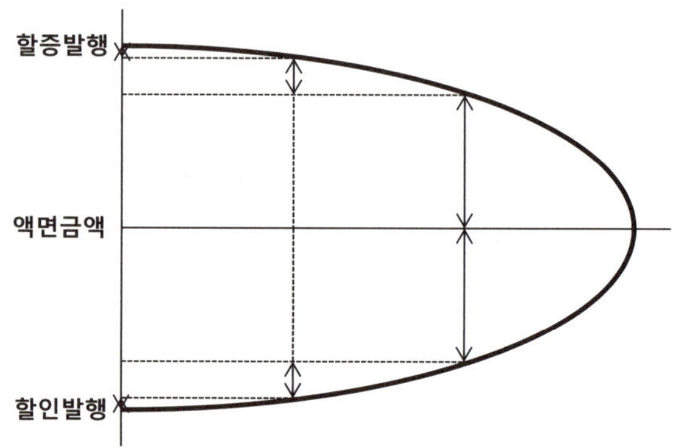

① 차금상각액은 할인발행과 할증발행 모두 매기 증가한다.

② 할인발행된 경우 장부금액이 매기 증가하고 이에 따라 이자비용도 매기 증가한다.

③ 사채발행비가 있는 경우 현금수령액이 감소하므로 할인율에 해당하는 유효이자율이 증가한다.

④ 할증발행된 경우 장부금액과 이자비용이 매기 감소한다.

07. ② 2023 감정평가사 수정

① 고객과의 계약으로 회계처리하기 위해서는 계약에 상업적 실질이 있어야 한다. 상업적 실질이 있다는 것은 계약의 결과로 기업의 미래 현금흐름의 위험, 시기, 금액이 변동될 것으로 예상된다는 것을 의미한다.

② 계약은 서면으로, 구두로, 기업의 사업 관행에 따라 암묵적으로 체결할 수 있다. 계약체결과 마찬가지로 계약변경 역시 서면으로, 구두 합의로, 기업의 사업 관행에서 암묵적으로 승인될 수 있다.

③ 고객과의 계약으로 회계처리하기 위해서는 이전할 재화나 용역의 지급조건을 식별할 수 있어야 한다.

④ 일반적으로 고객과의 계약에는 기업이 고객에게 이전하기로 약속하는 재화나 용역을 분명히 기재한다. 그러나 고객과의 계약에서 식별되는 수행의무는 계약에 분명히 기재한 재화나 용역에만 한정되지 않을 수 있다. 이는 계약 체결일에 기업의 사업 관행, 공개한 경영방침, 특정 성명(서)에서 암시되는 약속이 기업이 재화나 용역을 고객에게 이전할 것이라는 정당한 기대를 하도록 한다면, 이러한 약속도 고객과의 계약에 포함될 수 있기 때문이다.

08. ② 2017 감정평가사 수정

① 측정기준의 변경은 회계추정치 변경이 아니라 회계정책
의 변경에 해당한다.
③ 과거에 발생한 거래와 실질이 다른 거래, 기타 사건 또
는 상황에 대하여 다른 회계정책을 적용하는 경우는 회
계정책의 변경에 해당하지 아니한다.
④ 새로운 회계정책을 과거기간에 적용하거나 과거기간의
금액을 수정하는 경우에 과거기간에 존재했던 경영진의
의도에 대한 가정이나 과거기간에 인식, 측정, 공시된 금
액의 추정에 사후에 인지된 사실을 이용할 수 없다.

09. ③

보기 ③은 회귀분석법에 대한 설명이다. 산포도법은 과거
의 발생원가를 도표상에 점으로 표시한 후 대략적인 눈대
중으로 원가함수를 추정하는 방법이다.

10. ① 2012 공인회계사 수정

현재 세대와 미래 세대를 위하여 정부가 영구히 보존하여
야 할 자산으로서 역사적, 자연적, 문화적, 교육적 및 예술
적으로 중요한 가치를 갖는 자산(유산자산이라 한다)은 자
산으로 인식하지 아니하고 그 종류와 현황 등을 주석으로
공시한다.

01	②	02	②	03	④	04	①	05	④
06	④	07	③	08	③	09	②	10	②

01. ② 2023 감정평가사 수정

ㄱ. 표현충실성은 모든 면에서 정확한 것을 의미하지는 않
는다. 오류가 없다는 것은 현상의 기술에 오류나 누락
이 없고, 보고 정보를 생산하는 데 사용되는 절차의 선
택과 적용 시 절차상 오류가 없음을 의미한다. 이 맥락
에서 오류가 없다는 것은 모든 면에서 완벽하게 정확하
다는 것을 의미하지는 않는다.
ㄷ. 중요성은 개별 기업 재무보고서 관점에서 해당 정보
와 관련된 항목의 성격이나 규모 또는 이 둘 다에 근거
하여 해당 기업에 특유한 측면의 목적적합성을 의미한
다. 따라서 회계기준위원회는 중요성에 대한 획일적인
계량 임계치를 정하거나 특정한 상황에서 무엇이 중요
한 것인지를 미리 결정할 수 없다.

02. ②

감사인은 감사결과에 따라 적정의견, 한정의견, 부적정의
견, 의견거절 중 한가지에 해당하는 감사의견을 제시한다.
부적한거!

03. ④ 2023 관세사 수정

① 이연법인세자산(부채)은 유동자산(부채)으로 분류하지
아니한다.
② 영업주기는 영업활동을 위한 자산의 취득시점부터 그
자산이 현금이나 현금성자산으로 실현되는 시점까지
소요되는 기간이다.
③ 수익과 비용의 어느 항목도 당기손익과 기타포괄손익을
표시하는 보고서 또는 주석에 특별손익 항목으로 표시
할 수 없다.

감가상각방법 변경은 회계정책 변경이 아닌 회계추정치의 변경으로 처리한다.

05. ④

무형자산의 내용연수는 경제적 요인과 법적 요인의 영향을 받는다. 경제적 요인은 자산의 미래경제적효익이 획득되는 기간을 결정하고, 법적 요인은 기업이 그 효익에 대한 접근을 통제할 수 있는 기간을 제한한다. 내용연수는 이러한 요인에 의해 결정된 기간 중 '짧은' 기간으로 한다.

③ 무형자산을 기간의 제한 없이 계속 사용하기 위해 최소한의 유지비용이 발생할 수 있다. 예를 들어, 상표권의 법적보호기간은 10년이지만 갱신하여 지속적인 사용이 가능한 경우, 갱신을 위한 소정의 수수료가 발생한다. 이 수수료를 부담할 능력과 의도가 있다면 내용연수가 비한정이라는 결론을 내릴 수 있다. 하지만, 무형자산에 대해 유지비용을 초과하는 추가투자를 통해서만 지속적인 사용이 가능하다면, 이를 근거로 내용연수가 비한정이라는 결론을 내려서는 안 된다. 이에 대해 기준서는 다음과 같이 기술하고 있다.

기업회계기준서 제1038호 무형자산 문단 91

91 '비한정'이라는 용어는 '무한'을 의미하지 않는다. 무형자산의 내용연수는 자산의 내용연수를 추정하는 시점에 평가된 표준적인 성능수준을 유지하기 위한 미래 유지비용과 그 수준의 비용을 부담할 수 있는 기업의 능력과 의도만을 반영한다. 자산의 내용연수를 추정하는 시점에 평가된 표준적인 성능수준을 유지하기 위하여 필요한 지출을 초과하는 계획된 미래지출에 근거하여 무형자산의 내용연수가 비한정이라는 결론을 내려서는 안 된다. 즉, 미래에 큰 금액을 추가로 투자하면 지속적인 사용이 가능하다는 것을 전제로 내용연수가 비한정이라는 결론을 내려서는 안 된다.

예상되는 자산 처분이 충당부채를 생기게 한 사건과 밀접하게 관련되었더라도 예상되는 자산 처분이익은 충당부채를 측정하는 데 고려하지 아니한다. 예상되는 자산 처분이익은 해당 자산과 관련된 회계처리를 다루는 한국채택국제회계기준서에서 규정하는 시점에 인식한다.

'계무가배식'
수익인식의 5단계는 (1) 고객과의 계약을 식별 (2) 수행의무를 식별 (3) 거래가격을 산정 (4) 거래가격을 계약 내 수행의무에 배분 (5) 수행의무를 이행할 때 수익을 인식으로 이루어진다.

08. ③

재고자산 매입시 분개는 다음과 같다.

(차)	재고자산 (유동자산)	100,000	(대)	매입채무 (유동부채)	100,000

유동비율이 100%를 넘는 상태에서 유동자산(재고자산)과 유동부채(매입채무)가 같은 금액 증가했으므로, 유동비율은 감소한다. 당좌비율이 100%인 상태에서 유동부채만 증가했으므로 당좌비율도 감소한다. 부채(유동부채)가 증가했으므로 부채비율(부채/자기자본)은 증가한다.

변동원가와 고정원가로 구분하는 것은 기능에 따른 구분이 아닌 행태(모양)에 따른 구분이다.

10. ②

보기의 내용은 퇴직급여충당부채의 평가에 대한 내용으로, 퇴직수당충당부채와 퇴직급여충당부채는 다르다. 퇴직수당충당부채는 연금충당부채를 준용하여 퇴직수당추정지급액 중 재정상태표일 현재의 재직기간까지 귀속되는 금액을 현재가치로 산정하여 평가한다.

01	④	02	②	03	①	04	④	05	④
06	④	07	④	08	①	09	④	10	②

01. ④

하나의 보강적 질적특성이 다른 질적특성의 극대화를 위해 감소되어야 할 수도 있다. 예를 들어, 새로운 회계기준의 전진 적용으로 인한 비교가능성의 일시적 감소는 장기적으로 목적적합성이나 표현충실성을 향상시키기 위해 감수될 수도 있다.

02. ② 2024 감정평가사 수정

① 이연법인세자산(부채)은 유동자산(부채)으로 분류하지 아니한다.

③ 많은 기업은 특히 환경 요인이 유의적인 산업에 속해 있는 경우나 종업원이 주요 재무제표이용자인 경우에 재무제표 이외에도 환경보고서나 부가가치보고서와 같은 보고서를 제공한다. 재무제표 이외의 보고서는 한국채택국제회계기준의 적용범위에 해당하지 않는다.

④ 부적절한 회계정책은 이에 대하여 공시나 주석 또는 보충 자료를 통해 설명하더라도 정당화될 수 없다.

03. ① 2022 감정평가사 수정

완성될 제품이 원가 이상으로 판매될 것으로 예상하는 경우에는 그 생산에 투입하기 위해 보유하는 원재료 및 기타 소모품을 감액하지 아니한다. 그러나 원재료 가격이 하락하여 제품의 원가가 순실현가능가치를 초과할 것으로 예상된다면 해당 원재료를 순실현가능가치로 감액한다. 이 경우 원재료의 현행대체원가는 순실현가능가치에 대한 최선의 이용가능한 측정치가 될 수 있다.

04. ④

재분류 전 상각후원가와 공정가치의 차이에 따른 손익은 기타포괄손익으로 인식한다.

05. ④ 2024 감정평가사 수정

ㄱ. 무형자산 원가의 인식은 그 자산을 경영자가 의도하는 방식으로 운용될 수 있는 상태에 이르면 중지한다. 따라서 무형자산을 사용하거나 재배치하는 데 발생하는 원가는 자산의 장부금액에 포함하지 않는다. 예를 들면, 다음의 원가는 무형자산의 장부금액에 포함하지 아니한다.
   (1) 경영자가 의도하는 방식으로 운용될 수 있으나 아직 사용하지 않고 있는 기간에 발생한 원가
   (2) 자산의 산출물에 대한 수요가 확립되기 전까지 발생하는 손실과 같은 초기 영업손실

ㄷ. 최초에 비용으로 인식한 무형항목에 대한 지출은 그 이후에 무형자산의 원가로 인식할 수 없다.

06. ④ 2022 감정평가사 수정

충당부채의 법인세효과와 그 변동은 기업회계기준서 제1012호 '법인세'에 따라 회계처리하므로 충당부채는 세전금액으로 측정한다.

07. ④

제품이 손해나 피해를 끼치는 경우에 기업이 보상하도록 요구하는 법률 때문에 수행의무가 생기지는 않는다. 예를 들면 제조업자는 소비자가 용도에 맞게 제품을 사용하면서 생길 수 있는 모든 피해를 제조업자가 책임지도록 하는 법률이 있는 국가에서 제품을 판매할 수 있다. 이와 비슷하게, 제품이 특허권, 저작권, 상표권, 그 밖의 권리를 침해한 데 따른 청구로 생기는 책임과 피해에 대해 고객에게 배상하기로 한 기업의 약속 때문에 수행의무가 생기지는 않는다. 이러한 의무는 기업회계기준서 제1037호 '충당부채 우발부채 우발자산'에 따라 회계처리한다.

08. ① 2023 관세사 수정

지분법에서 관계기업이나 공동기업에 대한 투자를 최초 인식시 원가로 인식하고, 취득일 이후에 발생한 피투자자의 당기순손익 중 투자자의 몫에 해당하는 금액을 인식하기

위하여 장부금액을 가감한다.

09. ④ 2016 세무사 수정

순실현가치법은 분리점에서 순실현가치당 결합원가 배부
액이 같아지는 방법이다. 순실현가치법에서는 분리점 이
후에 발생하는 추가가공원가는 이익창출에 공헌하지 못한
다고 가정하기 때문에 추가가공 후 연산품의 매출총이익률
이 같지 않게 된다.

10. ②

'국가사업의 목적을 능률적, 효과적으로 달성하였는 지에
관한 정보'는 국가회계기준에는 있지만, 지방자치단체 회
계기준에는 없는 항목이다.

01	③	02	④	03	③	04	④	05	④
06	②	07	④	08	①	09	②	10	③

01. ③ 2023 보험계리사

일관성은 비교가능성과 관련은 되어 있지만 동일하지는 않
다. 일관성은 한 보고기업 내에서 기간 간 또는 같은 기간
동안에 기업 간, 동일한 항목에 대해 동일한 방법을 적용하
는 것을 말한다. 비교가능성은 목표이고 일관성은 그 목표
를 달성하는 데 도움을 준다.

02. ④ 2010 국가직 7급 수정

자본변동표는 당해 회계연도 '누적'기간을 직전 회계연도
의 누적기간과 비교하는 형식으로 작성한다.

03. ③ 2022 감정평가사 수정

ㄱ. 한국 장부에 차감한다.
ㄴ. 은행측 차감항목
ㄷ. 한국 장부에 가감한다.
ㄹ. 한국 장부에 가산한다.

04. ④ 2023 보험계리사

재평가잉여금은 그 자산이 제거될 때 이익잉여금으로 직
접 대체하거나 기업이 그 자산을 사용함에 따라 일부를 이
익잉여금으로 대체할 수도 있다. 재평가잉여금을 이익잉
여금으로 대체하는 경우 그 금액은 당기손익으로 인식하지
않고 직접 이익잉여금으로 대체된다.

05. ④

기준서에 따르면 자산은 다음 중 하나에 해당하는 경우에
식별가능하다.
(1) 자산이 분리가능하다. 즉, 기업의 의도와는 무관하게 기
　　업에서 분리하거나 분할할 수 있고, 개별적으로 또는 관

련된 계약, 식별가능한 자산이나 부채와 함께 매각, 이전, 라이선스, 임대, 교환할 수 있다.

(2) 자산이 계약상 권리 또는 기타 법적 권리로부터 발생한다. 이 경우 그러한 권리가 이전가능한지 여부 또는 기업이나 기타 권리와 의무에서 분리가능한지 여부는 고려하지 아니한다.

06. ②

② '원가'로 측정하는 유형자산이나 무형자산은 복구'원가'를 취득원가에 포함한다. 하지만, 생물자산은 순공정'가치'로 측정하기에 복구원가를 순공정가치에 포함하지 않는다. 기준서에서는 이를 다음과 같이 기술하고 있다.

기업회계기준서 제1041호 농림어업 문단 22
22 당해 자산에 대한 자금 조달 또는 수확 후 생물자산의 복구 관련 현금흐름(예를 들어, 수확 후 조림지에 나무를 다시 심는 원가)은 포함하지 아니한다.

④ '생물자산'은 공정가치를 신뢰성 있게 측정할 수 없는 경우 원가에서 감가상각누계액과 손상차손누계액을 차감한 금액으로 측정하는 예외를 둔다. 하지만, 수확물에 대해서는 '어떠한 경우에도 수확시점의 수확물은 공정가치에서 처분부대원가를 뺀 금액으로 측정한다. 이 기준서는 수확시점에는 수확물의 공정가치를 항상 신뢰성 있게 측정할 수 있다는 관점을 반영하고 있다'고 강조하여 예외를 인정하지 않고 있다.

07. ④ 2024 감정평가사 수정

충당부채는 다음의 요건을 모두 충족하는 경우에 인식한다.

(1) 과거사건의 결과로 현재의무(법적의무나 의제의무)가 존재한다.

(2) 해당 의무를 이행하기 위하여 경제적효익이 있는 자원을 유출할 가능성이 높다.

(3) 해당 의무를 이행하기 위하여 필요한 금액을 신뢰성 있게 추정할 수 있다.

ㄱ. 충당부채로 인식하기 위해서는 과거사건의 결과로 현재의무가 존재해야 하므로, 미래 행위에 따라 영향을 받아서는 안 된다. 3년에 한 번씩 정비를 하도록 한 법률 규정이 있더라도 현재의무가 존재하는 것은 아니다. 이는 기업의 미래 행위와 상관없이 항공기의 정밀 정비의무가 있는 것은 아니기 때문이다. 예를 들면, 기업이 항공기를 팔아 버리면 그러한 지출을 하지 않아도 될 것이다.

ㄴ. 과거사건의 결과로 존재하는 현재의무(예를 들어, 환경 오염으로 인해 범칙금이 부과된 경우)에 대해서는 충당부채를 인식하지만, 상업적 압력이나 법률 규정 때문에 지출을 계획하고 있거나 그런 지출이 필요한 경우에는 공장 운영방식을 바꾸는 등의 미래 행위로 미래의 지출을 회피할 수 있으므로 미래에 지출을 해야 할 현재의무는 없으며 충당부채도 인식하지 아니한다.
※ 여과장치를 설치하지 않아, 벌과금이 부과될 가능성이 높다면 벌과금의 최선의 추정치로 충당부채를 인식한다.

ㄷ. 토지의 오염행위라는 과거사건의 결과로 현재의무(법률 제정이 거의 확실하기 때문)가 존재하기 때문에 충당부채를 인식한다.

ㄹ. 토지의 오염행위라는 과거사건의 결과로 현재의무(오염된 토지를 정화할 것이라는 정당한 기대를 갖도록 하는 의제의무)가 존재하기 때문에 충당부채를 인식한다.

08. ① 2024 관세사 수정

① 오류수정은 회계추정치 변경과 구별된다. 회계추정치는 성격상 추가 정보가 알려지는 경우에 변경이 필요할 수도 있는 근사치이다. 예를 들어, 우발상황의 결과에 따라 인식되는 손익은 오류수정에 해당하지 아니한다.

② 새로운 회계정책을 과거기간에 적용하거나 과거기간의 금액을 수정하는 경우에 과거기간에 존재했던 경영진의 의도에 대한 가정이나 과거기간에 인식, 측정, 공시된 금액의 추정에 사후에 인지된 사실을 이용할 수 없다.

③ 거래, 기타 사건 또는 상황에 대하여 구체적으로 적용할 수 있는 한국채택국제회계기준이 없는 경우, 경영진은 판단에 따라 회계정책을 개발 및 적용하여 회계정보를 작성할 수 있다.

④ 다음의 경우는 회계정책의 변경에 해당하지 아니한다.

(1) 과거에 발생한 거래와 실질이 다른 거래, 기타 사건
    또는 상황에 대하여 다른 회계정책을 적용하는 경우
(2) 과거에 발생하지 않았거나 발생하였어도 중요하지
    않았던 거래, 기타 사건 또는 상황에 대하여 새로운
    회계정책을 적용하는 경우

09. ②

원재료에서 발생하는 차이는 직접재료원가 차이이며, 효율
적인 사용과 관련된 것은 능률차이다.

10. ③

③번 보기는 국가회계기준에 해당하는 내용이다. 국가회
계기준에는 자산재평가에 대한 내용이 있지만, 지방자치단
체에는 재평가에 대한 규정이 없다.